금강경정해

김 호 귀 번역

생각의 바른 길잡이 ——

TOPAMIN

금강경정해
(金剛經正解)

김호귀번역

< 차례 >

<해제> ……………………………………………………………… 6

『금강경정해』 상권 ………………………………………………… 29

제1 법회인유분 ……………………………………………… 30

제2 선현기청분 ……………………………………………… 37

제3 대승정종분 ……………………………………………… 46

제4 묘행무주분 ……………………………………………… 53

제5 여리실견분 ……………………………………………… 61

제6 정신희유분 ……………………………………………… 65

제7 무득무설분 ……………………………………………… 75

제8 의법출생분 ……………………………………………… 81

제9 일상무상분 ……………………………………………… 86

제10 장엄정토분 …………………………………………… 95

제11 무위복승분 …………………………………………… 107

제12 존중정교분 ·································· 111

제13 여법수지분 ·································· 116

제14 이상적멸분 ·································· 125

제15 지경공덕분 ·································· 144

제16 능정업장분 ·································· 151

『금강경정해』 권하 ······························ 157

제17 구경무아분 ·································· 157

제18 일체동관분 ·································· 173

제19 법계통화분 ·································· 183

제20 이색이상분 ·································· 187

제21 비설소설분 ·································· 190

제22 무법가득분 ·································· 195

제24 복지무비분 ·································· 201

제25 화무소화분 ·································· 204

제26 법신비상분 ·································· 209

제27 무단무멸분 ·································· 215

제28 불수불탐분 ·································· 219

제29 위의적정분 ·· 224

제30 일합이상분 ·· 228

제31 지견불생분 ·· 236

제32 응화비진분 ·· 243

<해제>

1. 서지사항

　『금강경정해(金剛經正解)』는 상·하의 2권으로 구성되어
있는데, 나집의 한역본에 근거하여 소명태자가 분과한 32
분과본1)에 근거하여 청대의 잉한거사(剩閒居士) 공기채
(龔槪綵 : 생몰연대 미상)가 주해(註解)2)를 붙인 책이다.
이후 19세기 후반에 조선에 수입되어 감로사 결사에 참여
했던 연방도인(蓮舫道人) 호정지(扈正智)가 교정하였는
데,3) 1883년 감로사(甘露社)에서 포광거사(葆光居士) 유

---

1) 『金剛經註』, (卍新續藏經24, p.536中) "(금강)경전은 요진의 삼장법사
　구마라집이 번역한 것이고, 그것을 32분으로 나눈 것은 양나라 소명태
　자가 내세운 것이다. 원래 구마라집번역본에는 (32분과가) 없다. 經乃
　姚秦三藏法師鳩摩羅什所譯 分三十二分者 相傳爲梁昭明太子所立 元譯
　本無"
2) 嘉慶元年(1796)에 淸의 孫念劬가 『금강경』에 대한 주해서를 모아 편
　찬한 『金剛經彙纂』에서 잉한거사 공기채의 『금강경정해』가 확인된다.
　『金剛經彙纂』 卷上, (卍新續藏經25, p.752上)
3) 蓮舫道人 扈正智에서 道人이라는 표현은 남녀를 불문하고 재간인으로
　서 수행에 힘쓰는 사람을 일컫는 말로 송대부터 보편적으로 사용되었
　는데 居士와 같은 의미이다. 연방거사 호정지를 추정할 만한 책이 확
　인된다. 현재 일본 동양문고에 소장되어 있는 『禪門正宗法海寶筏』은
　감로사의 『법해보벌』에 실린 9편 중 초조달마의 「觀心論」과 「血脈論
　」, 오조홍인의 「最上乘論」, 황벽의 「宛陵錄」의 4편이 동일하게 필사되
　어 있는 책이다. 이 책을 필사한 시기는 확실하지 않지만, 서두에 '금
　지거사(金地居士)'와 '扈光表印'의 장서인 2과가 확인된다.[고려대학교
　해외한국학자료센터 "법해보벌" 장서인(2건) 참조] 여기에 찍힌 '금지
　거사'가 감로사 결사를 결성한 보광거사 유운의 벗인 '金地道人'과 동
　일인물일 수 있다. 그가 扈氏 성을 가진 이로 짐작된다. 그런데 『승정
　원일기』 중 1880년(고종 17) 12월조에 訓鍊院의 主簿로, 1883년 6월
　조에 五衛將으로 활동한 '扈光表'란 인물이 확인된다. '금지거사'의 이

운(劉雲: 1821-1884)에 의하여 재간행되기도 하였다.4)

본 『금강경정해』에는 『금강경』에 대한 주석서로서 몇 가지 특징을 지니고 있다.

첫째는 나집본 경문에 대하여 32분과를 근거로 하면서 다시 전체를 50단락으로 나누고, 각각의 단락마다 용어에 대한 주석과 단락 전체의 내용에 대하여 강의를 붙였다.

둘째는 32분과에 근거하여 각 분과에 대한 대의가 제시되어 있는데, 이것은 교정자인 호정지의 견해로 보인다.5)

셋째는 「제10 장엄정토분」, 「제18 일체동관분」, 「제31 지견불생분」의 세 대목에서는 교정자가 '잉한왈(剩閒曰)'이라는 표현을 통하여 주해자인 잉한거사 공기채가 특별히 중시한 개념으로 간주하여 각각 '즉비(卽非)와 시명(是名)', '삼세심불가득(三世心不可得)', '사견(四見)'에 대하여 설명을 가하였다. 이러한 점에서 『금강경정해』는 잉한거사의 주해뿐만 아니라 교정자 호정지의 역할이 크게 반영되어 있다.

2. 50단락 과분의 구조

름이 '호광표'일 가능성도 있다. 이는 정원사나 감로사 결사에 참여한 이들 중 궁궐을 수비하던 하급관리들이 많았던 점으로 보아 그 가능성을 배제할 수는 없다. 따라서 '금지거사 호광표'가 '연방거사 호정지'와 동일인물일 가능성도 열어둔다.

4) 甘露社에서는 1882년 2월에 보광거사 유운이 지은 『甘露法會』를 시작으로 하여 3월에 『蓮邦詩選』, 8월에 『圓覺經說誼』를 간행하였다. 이후 1년 뒤인 1883년 7월에 『法海寶筏』, 『金剛經正解』, 『般若心經註解』를 동시에 간행하였다. 감로사에서는 주로 거사들이 중심이 되어 禪書類의 편간을 기획했던 것으로 생각된다.

5) 본 『金剛經正解』에는 서문 및 발문 등이 보이지 않는다. 이로써 교정자인 호정지의 역할이 더욱 중요한 의미를 지니고 있다.

『금강경정해』의 구성은 경문 전체를 50단락으로 구분하고, 각각의 단락에 대하여 「주(註)」의 대목을 통하여 낱낱 용어에 대한 설명을 가하며, 또 「강(講)」의 대목을 통해서는 해당 경문에 대한 주석자 자신의 견해를 강의의 형식으로 풀이하였다. 50단락의 낱낱 대목에 대하여 맨 먼저 제시한 경문의 대목은 앞뒤의 대목만 열거하고, 중간 대목은 생략의 형태로 제시하였다.6) 반면에 경문에 포함된 용어에 대해서는 낱낱이 설명을 붙이고, 때로는 그 용어에 대한 경문의 위상에 대해서도 설명을 가하였다. 가령, 『금강경정해』의 제2단락에 해당하는 "불언선재선재수보리(佛言善哉善哉須菩提)(지至)유연세존원요욕문(唯然世尊願樂欲聞)"의 경문에 대해서 다음과 같이 말한다.

거듭 '선재'라고 말한 것은 찬탄의 말이다. '체(諦)'는 살피는 것인데, 자세하게 들으라는 것이다. '응(應)'은 당(當)이다. '여시(如是)'의 이구(二句)7)는 말하자면 그 설명은 이하에서 둘(起와 降伏)로 나뉘어 있다. 그러나 여기에서는 단지 기(起)만 끌어내어 살펴서 자세하게 들으라고 말하는데, 이것은 허(虛, 太虛)를 살피는 것이다. 아래를 비추어볼 줄 아는 것에 머문 것은 위[頂上]에서 글로 말해둔 것이 있는데, 곧 이것은 가히 '주

---

6) 가령 佛言善哉善哉須菩提(至)唯然世尊願樂欲聞의 경우와 같다. 중간의 (至) 대목에 생략된 경문은 "須菩提。 如汝所說。 如來善護念諸菩薩。 善付囑諸菩薩。 汝今諦聽。 當為汝說。 善男子善女人。 發阿耨多羅三藐三菩提心。 應如是住。 如是降伏其心"이다. 『金剛經正解』 卷上, (卍新續藏經25, p.608上)

7) '如是'의 二句는 곧 '如是住' 및 '如是降伏其心'을 가리킨다.

(住)'에 즉한 것이고 곧 이것은 가히 '항복(降伏)'에 즉한 것이다. 그리고 곧 발보리심을 가리킨 것으로 인가해주는 말로 삼았는데, 이것은 실(實, 太實)을 살피는 것이다. 위를 계승할 줄 아는 것에 머문 것은 잘 살펴보면 여시(如是)의 두 글자는 허(虛) 가운데 실(實)이 있는 모습이다. 곧 위로 발보리심을 계승한 것은 실(實) 가운데에도 오히려 허(虛)가 있는 모습으로 아래로 중생제도의 보시를 비추어본 것이다. 바야흐로 이것이 어맥(語脈)이다. 대저 아래를 비추어보고 기(起)를 끌어들이는 것은 사람들이 이해하기 쉽지만, 위[頂上]의 경지는 불가설이므로 가설(可說)을 다하더라도[太盡] 이하의 경문에 장애만 있을 뿐이다. '유(唯)'는 대응하는 말이다. '연(然)'은 시킨 대로 자세하게 듣겠다는 긍정의 말이다. 저 유서(儒書)를 보면 증자(曾子)가 '유(唯)'로 일관한 경우가 있으므로 잘 살펴볼 수가 있을 것이다. '원(願)'은 마음으로 기대하는 것이다. '요(樂)'는 마음으로 기뻐하고 좋아하는 것이다. '욕(欲)'은 마음으로 생각하는 것이다. 소위 마음으로 기대하고 기뻐하며 좋아하고 생각하며 주(住)와 항(降)에 대하여 상세하게 '듣겠다[聞['는 것이다.[8]

이처럼 잉한거사는 경문의 단어에 대하여 낱낱이 그 의미를 설명하고, 어째서 그런 말을 했는가 하는 점에 대해서도 설명을 가하고 있다. 나아가 용어의 설명에 그치지 않고 전체의 맥락을 이해하는 설명도 제시하고 있다.

---

8) 『金剛經正解』卷上, (卍新續藏經25, p.608上)

가령 여기에서 "여시(如是)의 이구(二句)는 말하자면 그
설명은 이하에서 둘(起와 降伏)로 나뉘어 있다. ….".는 대
목은 용어에 대한 설명 이외에도 경문의 흐름에 대한 이해
를 목적으로 경문의 전후 상황에 대하여 자세한 설명을 가
한 부분으로써, 경문의 내용을 파악함에 있어서 반드시 이
해해둘 필요가 있는 부분은 내용의 설명을 가하고 있다.

　　50단락 전체의 구조는 각 단락마다 3단으로 나누어 설
명을 제시하고 있다. 첫째로 경문을 제시한다. 경문은 시
작하는 대목과 끝나는 대목만 설정하고 중간의 내용은 생
략하고 있다. 둘째로 '주(註)'의 대목을 설정하여 용어에
대한 낱낱의 설명을 가한다. 간혹 전후의 경문과 관련하여
해당 단락이 그 자리에 출현하는 까닭에 대하여 인과의 관
계를 해설해줌으로써 해당 단락의 위상을 재인식시켜주고
있다. 다음 셋째로 경문의 내용에 대하여 잉한거사 자신의
견해를 동원하여 자세한 해설을 가한다.

　　이 50단락과 32분과를 비교하면 다음과 같다.

32분과	금강경정해 권상	32분과	금강경정해 권하
제1 법회 인유분	(1)如是我聞一時佛在(至)收 衣鉢洗足已敷座而坐 - 금강경이 발생한 까닭		(28)爾時須菩提白佛言(至)阿耨 多羅三藐三菩提心者 - 四相이 없음을 추구함
제2 선현 기청분	2)時長老須菩提在大衆中(至) 云何降伏其心 - 수보리의 별명	제17 구경 무아분	(29)須菩提於意云何(至)當得作 佛號釋迦牟尼 - 無我相은 곧 無四相임
	(3)佛言善哉善哉須菩提(至) 唯然世尊願樂欲聞 - 수보리의 請問		(30)何以故如來者即諸法如義 (至)爲非大身是名大身 - 구경무아는 自然體이다
제3 대승 정종분	(4)佛告須菩提諸菩薩(至)衆 生相壽者相即非菩薩 - 대승은 소승과 다름		(31)須菩提菩薩亦如是(至)如來 說名真是菩薩 - 구경무아는 자연을 초월한 법
제4	(5)復次須菩提菩薩於法(至)	제18	宋徵興曰 -

묘행 무주분	不住聲香味觸法布施 - 妙行은 無上·正覺의 精妙行	일체 동관분	妄心이 없으면 오안이 없음
			(32)須菩提於意云何(至)現在心 不可得未來心不可得 - 오안은 실유가 아님
	(6)須菩提菩薩應如是布施 (至)菩薩但應如所教住 - 無住는 집착이 없는 精妙行		剩開曰 - 삼세심은 非心
제5 여리 실견분	(7)須菩提於意云何(至)如來 所說身相即非身 - 本性은 如如하다	제19 법계 통화분	(33)須菩提於意云何若有人滿 (至)如來說得福德多 - 마음은 萬化의 근거
	(8)佛告須菩提凡所有相(至) 若見諸相非相即見如來 - 實見은 相見이 아닌 理見	제20 이색 이상분	(34)須菩提於意云何(至)即非具 足是名諸相具足 - 色과 相 벗어나면 여래를 봄
제6 정신 희유분	(9)須菩提白佛言世尊(至)得 如是無量福德 - 대승법은 無住이고 無相	제21 비설 소설분	(35)須菩提汝勿謂如來作是念 (至)無法可說是名說法 - 무상보리는 본래진성
	(10)何以故是諸衆生無復我相 (至)法尚應捨況非法 - 대승을 正信하므로 희유함		(36)爾時慧命須菩提白佛言(至) 說非衆生是名衆生 - 설법은 불가설의 언설
제7 무득 무설분	(11)須菩提於意云何(至)皆以 無為法而有差別 - 無上菩提는 無相	제22 무법 가득분	(37)須菩提白佛言世尊(至)是名 阿耨多羅三藐三菩提 - 무상보리는 진공
제8 의법 출생분	(12)須菩提於意云何(至)所謂 佛法者即非佛法 - 반야바라밀다의 언설은 묘법	제23 정심 행선분	(38)復次須菩提是法平等(至)即 非善法是名善法 - 청정심으로 善事를 실천
제9 일상 무상분	(13)須菩提於意云何(至)而名 須菩提是樂阿蘭那行 - 공능은 四果의 차이가 있어도 無為는 同一果	제24 복지 무비분	(39)須菩提若三千大千世界中 (至)算數譬喻所不能及 - 지경의 福智는 평등함
제10 장엄 정토분	(14)佛告須菩提於意云何(至) 於法實無所得 - 장엄은 청정한 불국토	제25 화무 소화분	(40)須菩提於意云何(至)即非凡 夫是名凡夫 - 중생은 本有佛性
	(15)須菩提於意云何(至)應無 所住而生其心 - 제보살의 마음은 장엄국토	제26 법신 비상분	(41)須菩提於意云何(至)不應以 三十二相觀如來 - 여래의 청정법신은 진공
	(1)剩開曰 - 即非와 是名은 뜻이 통함		(42)爾時世尊而說偈言(至)是人 行邪道不能見如來 -

			마음을 깨쳐야 법신을 봄
	(16)須菩提譬如有人(至)佛說 非身是名大身 ― 보살의 事業은 事土	제27 무단 무멸분	(43)須菩提汝若作是念(至)於法 不說斷滅相 ― 聲色의 초월은 斷滅이 아님
제11 무위 복승분	(17)須菩提如恒河中所有沙數 (至)而此福德勝前福德 ― 무 위복은 재물보시보다 뛰어남	제28 불수 불탐분	(44)須菩提若菩薩以滿恒河沙等 (至)是故說不受福德 ― 오염이 없는 평등
제12 존중 정교분	(18)復次須菩提隨說是經(至) 即爲有佛若尊重弟子 ― 正敎는 無爲法	제29 위의 적정분	(45)須菩提若有人言(至)亦無所 去故名如來 ― 진성의 적정은 거래가 없음
제13 여법 수지분	(19)爾時須菩提白佛言(至)即 是非相是名三十二相 ― 여법은 반야법 (20)須菩提若有善男子善女人 (至)爲他人說其福甚多 ― 반야법을 수지함	제30 일합 이상분	(46)須菩提若善男子善女人(至) 但凡夫之人貪著其事 ― 眞性의 理와 具足의 相이 합쳐 지면 ―이 됨
제14 이상 적멸분	(21)爾時須菩提聞說是經(至) 是名第一波羅蜜 ― 寂滅眞性 은 眞相 (22)須菩提忍辱波羅蜜(至)又 說一切衆生即非衆生 ― 離相은 유위상을 벗어난 것	제31 지견 불생분	剩開日 ― 四見은 不生임을 알아차림 (47)須菩提若人言佛說我見(至) 即非法相是名法相 ― 妄知와 妄見을 不生함
	(23)須菩提如來是眞語者(至) 所得法此法無實無虛 ― 寂滅은 不住相이고 不生心 (24)須菩提菩薩心住於法(至) 皆得成就無量無邊功德 ― 無所住가 적멸	제32 응화 비진분	(48)須菩提若有人以滿無量(至) 不取於相如如不動 ― 應現은 진실이 아님 (49)何以故一切有爲法(至)如露 亦如電應作是觀 ― 자성은 眞空이고 無相
제15 지경 공덕분	(25)須菩提若有善男子善女人 (至)受持讀誦爲人解說 ― 지경자는 공덕자 (26)須菩提以要言之(至)以諸 華香而散其處 ― 持는 行持誦 持이고 自覺覺他임		(50)佛說是經已長老須菩提(至) 皆大歡喜信受奉行 ― 진공은 여여부동
제16 능정 업장분	(27)復次須菩提若善男子善女 人(至)果報亦不可思議 ― 경전의 공덕		

위의 비교에서 보면, 32분과의 경우와 비교하여 『금강경

정해』의 경우는 50단락으로 더욱 자세하게 분과한 만큼 단락에 따른 각각의 주제와 그 성격이 잘 부각되어 있다.

가령 제2 선현기청분에서는 수보리의 별명과 청문으로 나누었다. 제4 묘행무주분에서는 무상(無上) 및 정각(正覺)의 정묘행과 무주(無住)의 정묘행으로 나누었다. 제5 여리실견분은 여여한 본성(本性)과 실견(實見)으로 나누었다. 제6 정신희유분에서는 무주이고 무상의 대승법과 그 대승법을 정신(正信)하는 것이 희유함으로 나누었다. 제10 정엄정토분에서는 장엄과 보살의 마음과 보살의 사업으로 나누어 경문의 내용을 상세하게 설명하였다. 제13 여법수지문에서는 반야법이 여법이므로 반야법을 수지해야 함을 설명하여 여법의 당체와 그 반야법을 수지해야 하는 대상을 분명하게 정의하였다. 제14 이상적멸분에서는 진상(眞相)과 이상(離相)과 적멸(寂滅)과 무소주(無所住)가 서로 다르지 않음을 넷으로 나누어 자세하게 설명하였다. 제15 지경공덕분에서는 경전을 수지하는 것에 대하여 사람과 방법과 대상을 나누어 설명함으로써 보다 명확하게 경문을 이해시켜주었다. 제17 구경무아분에서는 무아가 아상이 없음이지만 그것은 사상이 없음을 의미하고, 구경의 무아는 자연체이면서 자연체를 초월하는 것임을 일러주었다. 제18 일체동관분에서는 망심이 없으면 삼세심이 없고, 삼세심은 정심(正心)이 아님을 설명하였다. 제21 비설소설분에서는 진성이야말로 무상보리이기 때문에 부처님의 설법은 언설의 설법이지만 형색의 언설이 아님을 설명해주었다. 제26 법신비상분에서는 여래의 청정법신은 진공이므로 청정한 마음을 깨쳐야 법신을 본다고 설명해주었다. 제32 응화비진분에서는 응현은 진실이 아니고 자성이야말로 여여부동한 진공이고 무상(無相)이라고 설명해주었다.

이처럼 『금강경정해』의 50단락은 32분과에 드러나 있지 않은 세부의 주제에 대해 명확하게 설정해줌으로써 경문을 더욱 상세하게 이해할 수 있는 근거를 제공해주고 있다.

3. 『금강경정해』의 구성과 특징

1) 잉한거사의 3단 구성

『금강경정해』에 보이는 잉한거사의 주해방식은 세 가지 점에서 특징이 드러나 있다. 첫째는 경문을 32분과의 형식을 유지한 가운데 나름대로 50단락으로 나누었다는 점이다. 둘째는 경문의 어구마다 용어의 주석을 낱낱이 붙였다는 점이다. 이것은 제명에 들어 있는 '정해(正解)'가 경문의 전체적인 내용뿐만 아니라 용어에 대한 의미까지도 포함하고 있다는 점을 강조한 것이다. 셋째는 강의 대목을 설정하여 경문에 대하여 잉한거사 자신이 이해한 내용을 50단락에 맞추어 풀이하고 있는 점이다.

잉한거사가 주해한 대목은 3단의 구성으로 50단락에 대하여 각각 「경문(經文)」과 「주(註)」와 「강(講)」으로 구성되어 있다.

첫째로 등장하는 경문의 경우는 인용한 단락의 앞뒤 구절만 내놓고 중간 대목은 생략하고 있음은 본문을 통해서 손쉽게 확인할 수가 있다. 다음 3단구성 가운데 잉한거사의 안목이 잘 드러난 대목은 둘째 「주」와 셋째 「강」의 대목이다.

둘째로 「주」의 대목은 경문을 구성하고 있는 용어에 대한 주해인데, 특수한 용어를 제외하고 대부분은 한역된 한자의 의미에 근거한 해석을 가하고 있다는 점이 특징이다. 이것은 원래의 범어가 지니고 있는 의미와 전혀 무관한 해석으로 설정되어 있다는 점을 보여주고 있다. 가령 사상(四相)의 용어에 대한 경우를 보면 다음과 같다.

'아상(我相)'은 사대(四大)로써 자기의 존재를 인정하여 아상이 된다. '인상(人相)'은 我에 상대되는 말이다. '중생상(眾生相)'은 곧 무릇 생명체는 모두가 중생이다. '수자(壽者)'는 장생불멸(長生不滅)에 통하는데 유구(悠久)함이 있다는 뜻이다.9)

여기에서 아상과 인상을 상대적인 개념 곧 '자기'와 '남'이라는 의미로 해석하고 있는 것은 순전히 중국적인 한자의 개념으로 이해한 것이다. 그러나 본래 범어의 의미로 보자면 아상은 '영원불변의 아트만이 있다는 관념'을 가리키고, 인상은 '다른 존재와 구별되는 개아(個我)가 있다는 관념'을 말한다.10) 또한 생명체를 모두 중생으로 간주하는 중생상은 '중생이 있다는 관념'이고, 장생불멸의 유구함으로 간주하는 수자상은 '영혼이 있다는 관념' 정도의 의미와 통한다.

본 『금강경정해』에서 설명을 가하고 있는 이와 같은 주해의 모습은 한역된 경전의 역사에서 보편적으로 전승되어

---

9) 위의 책, (卍新續藏經25, p.608中)
10) 『조계종표준금강반야바라밀경』(2009), p.21.

온 역사이기도 하다. 이런 점에서 보자면 범본으로 편찬되어 있는 경전이 지니고 있는 애초의 의미와 상당히 동떨어진 의미가 되어버린다.11) 그럼에도 불구하고 한역경전이 지니고 있는 오랜 역사도 또 나름의 역사가 되어 전승해 왔다는 점에서 보면 나름대로 파생된 의미를 지니고 있다는 점에서는 고무적인 이해이기도 하다.

다음 셋째로 「강」의 대목은 잉한거사의 안목이 가장 잘 드러나 있는 부분이다. 가령 제31 지견불생분에 대한 잉한거사의 강의는 다음과 같다.

앞에서는 단지 상(相)을 타파하는 것뿐이었지만, 여기에서는 이에 견(見)을 타파하는 것이다. 그러나 견이라는 마음까지 타파하지 못하면 같고 다름[一異]의 분제가 단제되지 않는다. 그 때문에 (상과 견을) 합쳐서 그것을 타파한다. 무릇 부처님께서는 사람들이 망견(妄見)에 집착하고 진견(真見)에 막혀서 진성을 증오(證悟)하지 못할 것을 염려하여 수보리를 불러서 질문으로 말했다. …(중략)… 부처님께서는 수보리가 세 번이나 거듭하여 사견이라고 말하여 명백하게 해명[分剖]한 것을 인유하여, 그 수보리라는 이름을 부르고 그에게 고하여 말했다. '…(중략)… 수보리야, 무릇 여기에서 말한 법상이란 모두 초학자를 접인하여 그들로 하여금 점차 진척시켜주기 위한 것이다. 만약 진성이 공적함을 분명하게 통철한 경지에 이른다면 어찌 법상이 있겠는가.

---

11) 이와 같이 경전에서 범본이 지니고 있는 의미와 무관하게 순수한 한역경전에 근거한 불법의 이해는 범본경전이 한역된 이후에 지속적으로 제기된 한계이면서, 나아가서 번역된 경전의 특징이기도 하다.

그 때문에 여래의 설법은 실유의 법상이 아니라, 그것
은 가명의 법상일 뿐이다. 대저 법상이란 유(有)가 아
니다. 결코 아견·인견·중생견·수자견이 없어야 한
다. 반야의 진성은 바로 이것을 깨치는 것이다. 그러므
로 발보리심자는 마땅히 이것을 잘 살펴야 한다.'12)

이 인용문에서 인한거사는 지견불생(知見不生)의 의미를
반야의 진성으로 파악하고 있다. 곧 사상을 넘어서 사견까
지 초월함으로써 법상마저 초월해야 한다는 의미로 이해하
고 있다.
또한 잉한거사의 뛰어난 안목은 「강」의 대목에서 누누이
드러나 있다. 제10 일체동관분에서는 "제법은 무아로 돌아
간다. 그래서 여래가 구족한 오안을 보자면 원래 능견과
소견이 없어서 지안(智眼)조차도 또한 무아로 돌아간다
."13)고 말한다. 이것은 오안으로 원명하고 밝게 보아서 제
심(諸心)이 비심(非心)인 경지에 도달한즉 어떤 법도 없기
때문이다. 또한 제25 화무소화분에서 잉한거사는 교화했지
만 교화한 바가 없다는 점에 대하여 다음과 같이 말한다.

부처님은 또 사람들이 범부를 분별할 것을 염려하여 다
시 수보리를 불러 말해준다. '범부는 여래와 비슷하지만
다르다. 그러나 만약 본성의 측면에서 논하자면 진공은
자재하므로 진실로 깨치면 보리를 따라 들어간다. 그
때문에 여래가 곧 <범부가 아니다>고 설한 것은 가명

---

12) 『金剛經正解』卷上, (卍新續藏經25, p.625上-中)
13) 위의 책, (卍新續藏經25, p.620上)

으로 범부를 삼은 것이다. 그런즉 여래와 범부는 동일
할 뿐이다. 그런데 또 어찌 제도해주는 여래가 있고 제
도 받는 중생이 있겠는가.'[14]

이 대목은 소위 평등한 진법계(眞法界)의 차원에서는 부
처와 중생의 차별이 없으므로 부처도 중생을 제도하지 않
는다. 이런 점에서 보면 무엇을 여래라고 말하고 무엇을
범부라 하겠으며, 어찌 사상(四相)이 있겠는가. 여래에게
이미 사상이 없다면 아상도 없다. 그러나 여래가 설한 유
아(有我)란 곧 중생을 상대하여 말한 것이지 실유의 아
(我)가 아니다. 그런데도 범부인은 착인(錯認)과 환상(幻
相)으로 유아(有我)를 삼는데, 그것은 아직 견성하지 못한
까닭에 아상을 잊지 못한 까닭이다. 잉한거사는 바로 이
점을 감안하여 중생은 본유불성이기 때문에 교화해도 교화
한 것이 아니라고 말해준다. 이처럼 잉한거사가 보여준 「
강」의 대목은 주해자의 안목이 다양하게 드러나 있음을 알
수가 있다. 교정자로서 연방도인 호정지가 가미한 32분과
에 대한 대의는 다음과 같다.

2) 잉한거사의 경안(經眼)
『금강경정해』에서 교정자인 호정지는 「제10 장엄정토분
」, 「제18 일체동관분」, 「제31 지견불생분」의 세 대목에서
는 '잉한왈(剩閒曰)'이라는 표현을 통하여 주해자인 잉한거
사 공기채가 특별히 중시한 개념으로 간주하여 각각 '즉비
(卽非)와 시명(是名)', '삼세심불가득(三世心不可得)', '사

---

14) 위의 책, (卍新續藏經25, p.622中)

견(四見)'에 대하여 서술하고 있다. 이들 세 가지에 대한 잉한거사의 경안(經眼)은 다음과 같다.

첫째, 「제10 정엄정토분」에서는 일반적으로 반야의 논리라고 불리는 즉비(卽非)의 논리 내지 초월의 논리에 대한 구조[15]와 관련하여 언급하고 있는 대목에서 주해자 잉한거사의 안목이 엿보인다.

잉한거사는 "'즉비'와 '시명'은 뜻이 서로 호응한다. 경문에서 이와 같은 문법으로 사용한 경우는 대단히 많은데, 모두가 곧 일단부정[遣掃] 및 임시건립[權立]의 뜻으로 사용되고 있다."[16]고 말한다. 이 말은 경문에서 수보리에게 보살이 불토를 장엄했는지를 질문한 세존에 대하여 수보리가 답변한 대목으로 '왜냐하면 불토를 장엄한다는 것은 곧 장엄한 것이 아니기 때문입니다. 이것을 바로 장엄한다고 말하는 것입니다.'에 해당한다. 위의 경문은 '불토를 장엄한다', '곧 장엄한 것이 아니다', '그러므로 장엄한다고 말한다'는 3단으로 이루어져 있다. 잉한거사가 말한 '즉비'는 '곧 장엄한 것이 아니다'에 해당하고, 시명은 '장엄한다고 말한다'에 해당한다.

그런데 잉한거사의 주해에 의하면, 여기에서 앞의 '아니

---

15) 이것은 『金剛經』의 주요한 논리구조인 肯定 - 否定 - 大肯定의 구조와 일치한다. 곧 『金剛經』의 주요한 논리구조를 卽非의 논리라고도 말하는데, 이것은 곧 논리를 초월한 자기초월의 논리이다. 그것을 구조화시켜 보면 다음과 같다. A → A ∴ ~A. 이것을 풀어보면 'A는 A이다. 그러므로 A가 아니다'는 뜻이다. 바꾸어 말하면 다음과 같다. A → ~A ∴ A. 'A는 A가 아니다. 그러므로 A이다'라는 구조가 된다. 다름아닌 A가 A를 벗어나면서 동시에 A가 되는, 또한 A가 A이면서 동시에 A를 벗어나는 자기초월의 논리방식이다. 곧 『金剛經』에서 일관하고 있는 역설의 논리 내지 卽非의 논리가 그것이다.
16) 『金剛經正解』卷上, (卍新續藏經25, p.612下)

다'는 부정의 대목과 뒤의 '말한다'는 긍정의 대목이 서로 호응한다는 것이다. 이에 대하여 잉한거사는 양자의 관계는 일단부정[遣掃] 및 임시건립[權立]의 뜻으로 사용되고 있다고 본 것이다. 반야논리는 일반적으로는 일단 긍정 - 일단 부정 - 대긍정의 구조로 제시되어 있다. 여기에서 긍정은 대긍정이 밑바탕이 되어 가능하고, 부정은 긍정의 바탕 위에서 의의가 있으며, 대긍정은 부정을 통한 자기초월의 승화가 아니어서는 안 된다.

그런데 여기에서 잉한거사는 일단부정에 해당하는 즉비와 대긍정에 해당하는 시명의 관계를 바꾸어서 일단부정과 임시건립(임시긍정)의 관계로 파악하고 있다. 잉한거사가 이 대목에서 이와 같이 파악하고 있는 까닭은 나름대로 이유가 있다. 그것은 『금강경』 경문의 마지막까지 걸친 전체적인 구조 속에서 반야의 논리를 파악하고 있기 때문이다. 이에 잉한거사는 말한다.

> 즉비를 허구[虛有]로만 보면 그것을 단용(單用)이라고 말하고, 시명은 종래에 『금강경』이라고 말하여 상을 부정[破相]하여 진상을 드러냄[顯真]을 종지로 삼은 것인데, 일단부정[遣掃] 및 임시건립[權立]이라고 보는 것이 올바른 뜻[正義]이다. 경전을 해석하는 사람은 어떤 경우에는 즉비를 가지고 실상을 가리킨 것으로 삼는다. 저 '즉비신상(即非身相)'의 경우에 비신상(非身相)이 이에 진상(真相)임을 말한 것과 같다. 이것은 즉자(即字)에 나아가서는 임시설정[逗斷]하고 비자(非字)를 가지고 이하에 연결한 것인데, 이것을 내(乃)라고 말한다.

그 때문에 경전을 해석하는 가운데 이와 같이 이해하는 사람이 또한 대단히 많다고 말한 것이다. … 그러므로 반드시 알아야 한다. 상(相)은 곧 무상(無相)으로서 곧 장 제30 일합이상분(一合理相分)에 이르기까지 바야흐로 그 종전(從前)은 모두 곧 일단부정[遣掃]임을 설명한 것으로 일찍이 간파[點破]한 적이 없다는 것을.17)

잉한거사가 여기에서 말하고 있는 즉비의 의미는 경문을 자세하게 체득하는 것이야말로 곧 일단부정[遣掃]에 해당한다고 보기 때문에 그 즉비야말로 다름이 아니라 파상(破相)이라는 것이다. 이에 파상에 해당하는 대목은 즉비의 범주를 벗어나 있지 않다는 것이다. 그래서 잉한거사는 경문에서 처음부터 제30 일합이상분에 이르기까지는 모두 일단부정에 해당한 줄을 알아야 한다고 말한 것이다. 이후 「제31 지견불생분」에 이르러서 바야흐로 분별견이 발생하지 않은 줄 제대로 이해해야 시명(是名)이 대긍정의 단계의 의미를 지닌다는 것이다. 견불생(見不生)을 알아차리기 전에는 임시건립 곧 임시긍정에 불과하다고 주장하고 있다.

둘째, 「제18 일체동관분」에서 교정자 호정지는 삼세심불가득에 대한 잉한거사의 견해를 보충하여 서술하고 있다. 과거와 현재와 미래의 삼세심은 모두 없다는 것이 경문에 대한 일반적인 해석방식이다. 그것은 반야의 시간관념은 삼세심이라고 하여 과거와 현재와 미래로 분별할 수가 없다고 말하는데, 그것은 무릇 통시적인 관념으로 파악해야

---

17) 위의 책, (卍新續藏經25, pp.612下-613上)

함을 보여준 것이다. 이에 잉한거사는 "삼세심불가득에 대하여 부처님은 단지 (삼세로) 펼쳐서 설명할 뿐이지만, 그것은 모두 심이 아닌데[非心] 그것을 心이라고 말한다."[18]고 말한다. 이에 의하자면 여기에는 진심(眞心)과 비심(非心)의 구조로서 삼세심은 비심이고 일심은 진심인데도 불구하고, 그 진심에 대해서는 일찍이 설파한 적이 없다는 것이다. 단지 경문을 강의하는 사람은 부처님이 언설로 설해 놓은 그대로 따르는 것을 좋아하는 까닭에 글자가 표현된 대로 설명할 뿐이고, 언외(言外)에 감추어진 것에 대해서는 몇 마디로 지시하여 진심의 뜻을 보충하여 설명할 뿐이었다는 것이다.

이런 까닭에 「제18 일체동관분」에 이르러 경문의 삼세심의 이치를 깨치고나면 진심(眞心)의 의미인 줄을 파악하여 정의(正義)를 삼았다고 말한다. 이 말은 시간관념을 마음[心]으로 대체하여 이해한 방식이다. 곧 마음은 과거와 현재와 미래로 각각 분리되는 것이 아닌 까닭에 마음을 전체적인 관점에서 하나로 파악해야 함을 보여준 것이다. 이에 잉한거사는 "삼불가득(三不可得)에 대하여 이하[下] 부처님 말씀[佛口中]으로부터 다시 도출[添出]한 시명진심(是名真心)으로써 이상[上]의 시명위심(是名為心)과 결부시켰다. 어(語)와 의(意)는 비록 비슷하게 심묘(深妙)하지만, 상·하의 문세(文勢)가 합치되지 않기 때문에 모두를 비심(非心)이라고 하였다. 그래서 시명위심(是名為心)을 일단 직설하고 이하에서 진심에 대하여 간파하지 않은 것이야말로 올바른 해석이다."[19]고 말한다. 진심을 파악하지

---

18) 위의 책, (卍新續藏經25, p.620上)

못하고서는 삼제(三際)에 걸쳐서 마음을 찾아보아도 끝내 없으므로 그것이 불가득의 이치인 줄만 안다. 그러나 삼세심을 하나로 동관(同觀)하는 까닭에 삼세의 마음[諸心]은 모두 진심이 아닌[非心] 줄을 아는데, 그 경우에 한정하여 심(心)이라고 말할 수가 있게 된다는 것이다. 이와 같이 잉한거사는 삼세심을 초월한 진심이라면 바로 오안을 갖추어야 비로소 원명하고 밝게 보아서 제심(諸心)이 비심(非心)인 경지에 도달한다는 것을 일러주고 있다.

셋째, 「제31 지견불생분」에서는 '지견불생(知見不生)'에 대한 이해의 방식이다. 잉한거사의 견해는 "'진성은 본래적인 것이므로 네 가지 견해[見]가 발생하지 않는다[不生]'고 말한다. 이 말은 진성을 설명한 것이다. 요컨대 아견과 인견과 중생견과 수자견의 사견은 본래 불생[見不生]임을 알아차려야 한다[知]는 것이다."[20]는 말에 잘 드러나 있다.

여기에서는 사견이 발생하지 않는 이치를 제대로 알아차려야 한다는 당위성이 적극적으로 드러나 있다. 이를테면 아뇩다라삼먁삼보리심이란 사상(四相)이 마땅히 공(空)일 뿐만 아니라 일체제법에 즉해서도 모두가 무상(無相)으로서 자기의 본심을 알고[識] 자기의 본성을 보아서[見] 응당 여시(如是)의 진지(眞知)와 여시의 진견(眞見)과 여시의 신(信)·수(受)·해(解)·오(悟)가 있어서 털끝만큼의 법상도 일으키지 않아야 한다는 것이다. 사상(四相)을 일으키지 않으려면 근본적인 사견(四見)을 초월하지 않으면

19) 위의 책, (卍新續藏經25, p.620中)
20) 위의 책, (卍新續藏經25, p.624下)

안 된다는 점을 강조해두고 있다.

3) 호정지의 32분과 대의

『금강경정해』는 잉한거사 공기채가 주해하고, 거기에다 연방도인 호정지가 교정했다는 표현에서 볼 수가 있듯이 사실 두 사람이 만들어낸 작품에 해당한다. 우선 잉한거사가 나집본 경문과 소명태자의 32분과에 근거하여 50단락으로 나누고, 각각의 단락마다 용어에 대한 섬세한 풀이를 가하였으며, 50단락으로 분과한 내용에 대하여 낱낱이 강의형식을 부연하였다. 이것은 잉한거사의 주해방식이면서 여타의 주해서와 비교해보아도 가장 보편적인 방식이라는 점은 위에서 고찰해보았다.

그런데 본 『금강경정해』는 이와 더불어 연방도인 호정지의 교정이 중요한 역할을 분담하고 있음을 볼 수가 있다. 호정지는 잉한거사의 주해에 대하여 단순한 교정에 그치지 않고 내용의 전반에 걸쳐 32분과의 대의를 첨부하고 있기 때문이다. 32분과에 붙인 대의가 잉한거사의 견해가 아니라 교정자인 호정지의 견해라는 점은 두 가지 측면에서 엿볼 수가 있다. 첫째의 근거는 「제31 지견불생분」에서 지견불생분의 대의를 설명하는 대목에 바로 이어서 '잉한왈(剩閒曰)'의 대목을 따로 설정하고 있다는 점이다. 대의의 대목이 주해자인 잉한거사의 말이라면 굳이 '잉한왈'의 대목을 재설정할 필요가 없기 때문이다.

둘째의 근거는 이처럼 따로 설정된 대의의 대목에서 언급하고 있는 내용의 설명과 '잉한왈' 대목에서 언급하고 있는 내용의 설명에도 차별점이 보인다는 점이다. 그 까닭은 대의의 부분은 호정지 자신의 견해가 피력되어 있고, '잉한왈'의 부분이 잉한거사의 견해가 피력되어 있으므로 그 비교가 가능하기 때문이다. 우선 「제31 지견불생분」에 대하여 호정지가 붙인 대의는 다음과 같다.

　본성은 원래 진공·청정이고 무위·진지로서 밝게 비추지 않음이 없다. 그러나 지식(知識)·견해(見解)가 일어나기만 하면 그 소견은 사상 아님이 없어서 곧 무상보리심을 일으키기 어렵게 된다. 그러므로 반드시 妄으로 일으킨 지견은 진멸시켜 발생하지 않도록 해야 한다. 그런 이후에는 사상의 견해가 자연히 발생하지 않으므로 반야·진지가 바야흐로 드러나게 되어 보리를 증득하여 피안에 오른다.21)

　대의에서는 지견(知見)이 지(知)와 견(見)의 구조로 설정되어 있다. 지(知)와 견(見)은 지식과 견해인데, 좀더 면밀하게 고찰해보면 분별지와 분별견에 해당한다. 이로써 분별의 지(知)와 견(見)이 없어진 경지에서 반야(般若)와 진지(真知)가 작용하여 무상보리를 증득한다는 것이다.
　이에 비하여 호정지가 잉한거사의 견해로 인용한 내용은 다음과 같다.

　잉한거사는 '진성은 본래적인 것이므로 사견[見]이 발생하지 않는다[不生]'고 말한다. 이 말은 진성을 설명한 것이다. 요컨대 사견은 본래 불생[見不生]임을 알아차

―――――――――――

21) 위의 책, (卍新續藏經25, p.624下)

려야 한다[知]는 것이다.22)

　여기에서는 지견(知見)이라는 용어에 대한 이해가 대의
부분에서 보여주고 있는 지(知)와 견(見)의 병렬적인 구조
가 아니라 '본래 불생임을 알아차려야 한다.'는 술어와 목
적어의 관계로 설정된 견해로 드러나 있다. 곧 지(知)와
견(見)이 대의에서는 주격으로 이해되고 있는 것과 달리,
여기에서는 지(知)가 서술격으로 취급되었고 견불생(見不
生)이 목적격으로 취급되어 있다.
　지(知)를 서술격으로 파악하고 견(見)만 목적격으로 취
급하고 있는 잉한거사의 이와 같은 견해는 더욱이 이에 대
한 자세한 풀이에 해당하는 「강」의 대목에도 고스란히 드
러나 있다.

　　앞에서는 단지 상(相)을 타파하는 것뿐이었지만, 여기
　　에서는 이에 견(見)을 타파하는 것이다. 그러나 견이라
　　는 마음까지 타파하지 못하면 같고 다름[一異]의 분제
　　가 단제되지 않는다. 그 때문에 (상과 견을) 합쳐서 그
　　것을 타파한다.23)

　견(見)이라는 마음은 분별견임을 아는 까닭에 그것을 타
파하지 않으면 안 된다는 것이다. 그 때문에 이어서 잉한
거사는 「강」에서 "대저 법상이란 유(有)가 아니다. 결코
아견 · 인견 · 중생견 · 수자견이 없어야 한다. 반야의 진성

---

22) 위의 책, (卍新續藏經25, p.624下)
23) 위의 책, (卍新續藏經25, p.625上)

은 바로 이것을 깨치는 것이다. 그러므로 발보리심자는 마땅히 이것을 잘 살펴야 한다."[24]고 재차 강조한다. 여기에서 '반야의 진성은 바로 이것을 깨치는 것이다'는 것은 반야의 진성은 망견이 아니고 분별견이 아닌 줄을 알아차려야 함을 가리킨다.

여기에서 일례로 「제31 지견불생분」을 들어서 살펴본 것처럼, 32분과에 붙인 대의는 호정지의 견해임을 알 수가 있다.

이처럼 『금강경정해』는 잉한거사의 주해이지만, 조선인으로 추정되는 인물로 교정자인 호정지의 역할이 크게 부각되어 있다. 잉한거사는 소명태자가 나집본 한역 『금강경』에 분과한 32분과에 근거하면서 경문 전체를 50단락으로 나누고, 낱낱의 경문 단락마다 「주」와 「강」을 붙였다.

「주」의 대목에서는 경문의 문구 내지 용어에 대한 낱낱의 설명이면서, 혹 문단의 전후맥락에 대한 설명을 가하기도 하였다. 가령 사상(四相)의 개념에 대하여 한역된 한자의 의미에 근거한 해석을 가하여 원래의 범어가 지니고 있는 의미와 전혀 무관한 해석으로 설정되어 있다.

「강」의 대목에서는 해당 단락의 내용을 잉한거사 자신의 안목을 발휘하여 조망하면서 상세한 설명을 붙였다. 반야의 논리에 대해서는 '즉비'와 '시명' 양자의 관계를 일단부정[遣掃] 및 임시건립[權立]의 뜻으로 이해하여 『금강경』경문의 마지막까지 걸친 전체적인 구조 속에서 반야의 논리를 파악하고 있기 때문이었다. 이에 경문의 처음부터 제30 일합이상분에 이르기까지는 모두 일단부정에 해당하고,

---

24) 위의 책, (卍新續藏經25, p.625中)

이후 「제31 지견불생분」에 이르러 바야흐로 분별견이 발생하지 않은 줄 제대로 이해해야 '시명'이 대긍정의 단계의 의미를 지닌다는 것이다. 곧 견불생(見不生)을 알아차리기 전에는 임시건립 곧 임시긍정에 불과하다고 주장하고 있다.

이후에 교정자인 호정지는 주해자의 견해를 보완하는 입장에서 각각 그 내용을 자신이 요약하여 첨부하였다. 그 근거로는 첫째는 32분과에 붙인 대의(大意)가 주해자의 견해와 동일하지 않고, 둘째는 제10, 제18, 제31의 세 분과 가운데서는 '잉한왈'이라는 대목을 말을 붙여서 교정자가 나름대로 잉한거사의 안목에 대하여 비평을 가하였다는 점 등을 통해서 확인할 수가 있다. 가령 '즉비'와 '시명', '삼세심불가득', '지견불생'에 대한 견해에 대하여 교정자가 주해자의 안목을 보충했다는 점이 돋보인다. 이런 까닭에 『금강경정해』는 주해자인 잉한거사의 안목뿐만 아니라 교정자인 호정지의 견해가 강하게 투영된 주해서임을 알 수가 있다.

金剛經正解二卷 (淸의 龔槪綵 註)

『금강경정해』 2권 (청나라 공기채가 주석하다)

金剛經正解卷上

『금강경정해』 상권

剩閑居士 龔槪綵 註 蓮舫居士 扈正智 校

잉한거사 공기채가 주석을 붙이고25), 연방거사 호정지가
교정하다.26)

---

25) 嘉慶 元年(1796)에 淸의 孫念劬가 『금강경』에 대한 주해서를 모아
  편찬한 『金剛經彙纂』에서 잉한거사 공기채의 『금강경정해』가 확인된
  다. 『金剛經彙纂』 卷上, (卍新續藏25, p.752上) "經解雖繁 而足以傳
  留者 亦只有十餘種. 其最善者 唐之圭峰有疏·宋之長水有記·明之憨山有
  決疑 曾鳳儀有宗通. 大圓居士張有譽有義趣廣演, 如如居士張國維有註
  說, 數書實堪羽翼大乘. 近代剩閑居士龔槪綵有正解, 誠齋居士盛符升有
  五釋. 又彙集各家而採其精要 可稱善本 以上各種 是編採錄最多."
26) 조선인으로서 연방거사 호정지를 추정할 만한 책이 확인된다. 현재
  일본 동양문고에 소장되어 있는 『禪門正宗法海寶筏』은 감로사의 『선
  문정종법해보벌』에 실린 9편 중 초조달마의 『관심론』과 『혈맥론』, 오
  조홍인의 『最上乘論』, 황벽희운의 『宛陵錄』의 4편이 동일하게 필사되
  어 있는 책이다. 이 책을 필사한 시기는 확실하지 않지만, 서두에 '金
  地居士'와 '扈光表印'의 장서인 2과가 확인된다.(고려대학교 해외한국
  학자료센터 "법해보벌" 장서인(2건) 참조) 여기에 찍힌 '금지거사'가
  감로사 결사를 결성한 葆光居士 劉雲(1821-1884)의 벗인 '金地道人'
  과 동일인물일 수 있다. 그가 扈氏 성을 가진 이로 짐작된다. 그런데
  『승정원일기』 중 1880년(고종 17) 12월條에 訓鍊院의 主簿로, 1883년
  6월條에 五衛將으로 활동한 '扈光表'란 인물이 확인된다. '금지거사'의
  이름이 '호광표'일 가능성도 있다. 이는 정원사나 감로사 결사에 참여
  한 이들 중 궁궐을 수비하던 하급관리들이 많았던 점으로 보아 그 가
  능성을 배제할 수는 없다. 따라서 '금지거사 호광표'가 '연방거사 호정
  지'와 동일인물일 가능성도 열어둔다. 서수정, 「19세기 후반 결사단체
  의 불서(佛書) 편간(編刊) 배경」, (『한국불교사연구』11, 한국불교사학
  회 한국불교사연구소. 2017년 6월) 참조.

○法會因由分第一
제1 법회인유분

(法者即大乘法也。會者佛與諸弟子共會於祇園也。因始也。
由行也。行必有所始。此法會者。乃作經之因由也)。

['법'은 곧 대승법이다. '회'는 부처님과 모든 제자가 함께
기원정사에 모인 것이다. '인'은 처음이다. '유'는 실행하는
것인데, 실행에는 반드시 시작이 있다. 이 법회가 이에
『금강경』을 일으킨 인유이다.]

(1)[27]如是我聞一時佛在(至)[28]收衣鉢洗足已敷座而坐。

【경문】 1.
　이와 같이 나는 들었다. 한때 부처님께서 사위국의 기수
급고독원에 계셨는데, 대비구중 1250명도 함께 있었다.
　그때 세존께서는 공양시간이 되어 가사를 수하고 발우를
들고 사위대성에 들어가서 걸식하셨다. 그 성중을 차례로
걸식하고 나서 돌아와서 본래 자리에 이르러 공양을 마치
고 옷과 발우를 거두셨다. 그리고 발을 씻고는 자리를 펴
고 앉으셨다.

【註】 如是者。指此經所言之法也。我。集經者自謂。即阿難

---

27) ( )의 일련번호는 본 『금강경정해』에서 경문을 나눈 단락에 따른 것
　　으로 편의상 번역자가 보입하였다. 이하 동일.
28) (至)의 대목은 경문을 생략한 것이다. 이하 번역에서는 생략된 경문을
　　보충해둔다.

也。言如是之法。我親從佛聞之。一時者。師弟會遇。說此般
若之時。佛者覺也。自覺覺他。覺行圓滿。故名曰佛。此指釋
迦。為一日教主也。舍衛國。梵語舍衛。此云聞物。即波斯匿
王之國。祇樹王之太子名祇陀。此云戰勝。生時適值戰勝。因
以為名。樹是祇陀所施。給孤獨園者。王之宰臣。名須達多。
(一作拏)常在此園。賑濟孤獨。達多原是外道。因在護彌長者
家。聞佛說法。心生敬心。欲得勝地請佛住。思太子有園。方
廣八十頃。空曠清淨。堪為福地。往白太子。太子戲曰。若布
金滿園。吾當與之。達多如其言。太子亦不愛金。將金共立精
舍。請佛說法。比丘梵語。華言乞士。謂上乞法於佛。以明己
之真性。下乞食於人。以為世人種福。即今之僧也。大比丘。
乃得道之深者。天人所共恭敬。非小德故。內外教典。無不博
通。非寡解故。蓋佛將說真空無上妙理。必得道之深者。方能
請問領悟也。千二百五十人。皆佛所化度弟子。常隨聽法者。
俱皆在也。爾時。彼時也。世尊。舉世之人。所尊敬也。食
時。乞食時。非受食時。乞食當辰巳。受食當午時也。著衣。
著僧伽黎。即二十五條之大衣。制像水田。見生福故。佛制。
入王城聚落。應著此衣。猶今之搭戒衣也。持鉢。持四天王所
獻之鉢。(過去維衛佛鉢。入涅槃後。供龍王宮中。釋迦成
道。龍王送至海水上。四天王取以奉佛。此是紺琉璃鉢。乞食
時持之)次第乞。平等行乞。不分貧富貴賤也。本處。即祇園
也。飯食訖。此飯字作餐字解。指受食時言。訖。畢也。洗
足。西域行露足故。以水滌去塵垢。已。完也。敷。布也。布
列高座而坐。即今之止靜打坐。將說法也。

【주석】1.

'여시'는 이 경전이 말하고 있는 법을 가리킨다.

'아'는 경전을 집성한 사람이 자신을 일컫는 말인데, 곧 아난이다. 그래서 여시지법이라는 말은 내가 친히 부처님으로부터 그것을 들었다는 것이다.

'일시'는 스승과 제자가 한 곳에서 만나는 것으로, 이『반야경』을 설할 때이다.

'불'은 깨침이다. 자기가 깨치고 남도 깨우쳐준다. 그래서 깨침과 실행이 원만한 까닭에 佛이라고 말한다. 이것은 석가를 가리키는데, 말하자면 교주이다.

'사위국'에서 범어 사위는 번역하면 문물(聞物)이다. 곧 파사익왕의 국가이다.

'기수'에서 왕의 태자 이름은 기타(祇陀)인데 번역하면 전승(戰勝)이다. 태어났을 때 전승(戰勝)이 있었던 연유를 가지고 이름으로 삼았다. 그리고 수(樹)는 곧 기타(祇陀)가 보시한 것이다.

'급고독원'은 왕의 재신(宰臣)으로 수달다(須達多)라는 이름을 가진 사람이 있었는데(어떤 기록에는 종[拏]이라고도 하였다) 항상 그 동산에 있으면서 고·독(孤·獨)29)한 사람들을 구휼(賑濟)하였다. 달다(達多)는 원래는 곧 외도였는데, 호미장자(護彌長者)의 집에서 머물렀던 인연으로 부처님의 설법을 듣고 마음에 공경심을 일으켜 승지(勝地)를 얻어 부처님을 모시고자 했다. 태자가 가지고 있는 동산을 생각해보니, 사방의 너비가 80경(頃)30)으로 광활하고 청

---

29) 孤獨은 환(鰥)·과(寡)·고(孤)·독(獨)의 준말이다. 각각 홀아비 · 과부 · 고아 · 늙어 자식이 없는 사람을 가리킨다.
30) 頃은 중국에서 周公이 처음으로 제정한 도량형의 면적 단위이다. 길이가 19.496cm인 周尺(鎰尺)으로 재면 64만평방 尺으로 그 넓이는

정하여 복지(福地)로서 손색이 없었다. 태자를 찾아가서 말하자, 태자가 장난으로 말했다.

"만약 금을 펴서 동산을 덮어주면 내가 그것을 주겠습니다."

달다가 그 말대로 하였다. 그러나 태자도 또한 금을 아끼지 않고 금을 가지고 함께 정사를 세웠다. 그리고 부처님에게 설법을 청하였다.

'비구'는 범어인데 한자로는 걸사(乞士)이다. 소위 위로는 부처님으로부터 법을 추구함으로써 자기의 진성을 해명하고, 아래로는 남으로부터 걸식함으로써 세간의 사람을 위하여 복을 심는 것이다. 오늘날의 승(僧)에 해당한다.

'대비구'는 이에 심오한 도를 얻은 사람으로 천상과 인간에게 모두 공경을 받는데 소덕(小德)이 아니기 때문이고, 내·외의 교전에 널리 통달하지 못한 것이 없어서 과해(寡解)가 아니기 때문이다. 무릇 부처님이 진공(真空)·무상(無上)·묘리(妙理)를 설하려면 반드시 심오한 도를 얻은 사람이어야 바야흐로 질문[請問]하고 이해할[領悟] 수가 있다.

'천이백오십인'은 모두 부처님이 교화한 제자로서 항상 따르면서 설법을 듣는 사람들이다.

'구(俱)'는 모두 그 자리에 있는 것이다.

'이시(爾時)'는 그때이다.

24,326㎡에 해당한다. 漢나라 고조 때 田土의 면적 단위의 명칭으로 사용되었을 때는 주척 길이가 길어져 1경을 주척 6십만평방 尺으로 정했다. 따라서 1步는 25평방 尺, 1畝는 240보, 1頃은 1백畝로 정했다. 周尺은 놋쇠로 만든 표준 자인데, 보통 한 자보다 한 치 더 긴 것을 단위로 삼았다.

‘세존(世尊)’은 온 세간 사람으로부터 존경을 받는다는 것이다.

‘식시(食時)’는 걸식할 때인데, 수식(受食)하는 때가 아니다. 걸식은 진시부터 사시(辰·巳)에 해당한다.

‘착의(著衣)’는 승가리 곧 25조의 대가사를 입는[垂] 것이다. 논의 형상을 본떠서 만들었다. 그것을 보는 사람은 복이 발생하기 때문인데 부처님이 만들었다. 왕상이나 취락에 들어가는 경우에는 반드시 이 대가사를 수해야 한다. 마치 오늘날에 戒衣를 걸치는 것과 같다.

‘지발(持鉢)’은 사천왕이 헌공한 발우를 지니는 것이다. [과거 유위불(維衛佛, 과거칠불의 처음에 해당하는 毗婆尸佛을 말한다)의 발우는 열반한 후에 용왕의 궁중에 공양되었다. 그런데 석가모니가 성도하자 용왕이 발우를 보내드렸는데, 해수면 위에 이르자 사천왕이 그것을 받아서 부처님에게 바쳤다. 그것은 감색의 유리발우였는데, 걸식할 때는 그것을 수지하였다]

‘차제걸(次第乞)’은 평등하게 걸식을 실행하여 빈·부·귀·천을 구분하지 않는 것이다.

‘본처(本處)’는 곧 기원정사(祇園精舍)이다.

‘반사흘(飯食訖)’에서 이 반(飯)이라는 글자는 찬(餐 : 음식을 먹는다)이라는 글자로 해석해야 한다. 음식을 받아먹을 때를 가리키는 말이다.

‘흘(訖)’은 마치는 것이다.

‘세족(洗足)’은 서역에서는 걸어 다닐 때 맨발로 다니기 때문이다. 그래서 물로써 먼지[塵垢]를 씻어내야 한다.

‘이(已)’는 완성하는 것이다.

'부(敷)'는 펼치는 것이다. 고좌(高座)에 펼쳐서 늘어놓는 것이다. 오늘날로 보면 고요하게[止靜] 앉아 있는[打坐] 모습인데 장차 설법하려는 것이다.

【講】阿難記而言曰。如是經之所言。乃我親從佛聞之。佛說此經時。在舍衛國給孤獨園中。與得道之大比丘。及相隨聽法之眾。千二百五十人。俱同處焉。爾時世尊。於日當辰巳。可以乞食之時。著僧伽黎大衣。持紺琉璃鉢。園在城外。入舍衛城中。次第行乞。不越貧以從富。不捨賤以從貴。大慈平等。無有選擇。乞食既已。還歸園中。當午受食。飯食事畢。將入禪定。於是收入衣鉢。使心無係累。洗足以潔其身。乃布座而坐。說法之因由起矣。

【강의】 1.

아난이 기억했던 것을 말한다.

"이와 같이 경전에서 말한 것을 이에 내가 친히 부처님으로부터 그것을 들었다. 부처님께서 이 경전을 설할 때 사위국의 급고독원에 계셨는데, 거기에는 득도(得道)한 대비구 및 몸으로 따르는 청법대중 천이백오십 명도 함께 같은 곳에 있었다. 그때 세존께서는 해가 진시(辰時)·사시(巳時)가 되니 걸식하는 때가 되었으므로, 승가리(僧伽黎)31)

---

31) 僧伽梨는 僧伽胝라고도 음역하고 大衣 및 重腹衣라고 의역한다. 安陀會·鬱多羅僧·僧伽梨의 三衣 가운데 하나인데, 僧伽梨는 설법과 걸식 등 공식적인 경우에 수하는 가사이다. 여기에 등장하는 가사는 부처님의 金襴袈裟로서 25조로 만들어진 가사를 뜻한다. 그러나 『祖堂集』에서는 혜가가 달마로부터 받은 袈裟를 7조 가사로서 鬱多羅僧이라 하였다. (『祖堂集』 卷2, 高麗大藏經45, p.248中) 조사선법에서 부처님의 鉢盂와 더불어 정법안장의 상징으로 전승되었다.

의 대의(大衣)를 수하고 감색의 유리발우를 지니고 고독원이 성외에 있었기 때문에 사위성중으로 들어가셨다. 차제로 걸식을 하면서 빈가(貧家)를 지나치지 않고 부가(富家)로부터 그리고 천가(賤家)를 버리지 않고 귀가(貴家)에 이르기까지 대자비로 평등하여 따로 선택하지 않았다. 걸식을 마치고 다시 고독원에 돌아오니, 정오가 되어 공양하셨다. 공양을 마치고 장차 선정에 들어가려고 이에 의발을 거두고 마음에는 번뇌를 버리며 발을 씻음으로써 몸을 청결하게 하고 이에 자리를 펴고 앉았다."

이것은 바로 설법의 인이 일어난 연유이다.

○善現起請分第二
제2 선현기청분

(分爲二節。善現須菩提之別名。當世尊趺坐之時。正弟子請
益之候。故身起恭敬。而請問也)。

[선현기청분은 두 대목으로 되어 있다. (하나는) 선현은
수보리의 별명이다. (둘은) 세존께서 부좌(趺坐)할 때가
되면 바로 제자가 청익(請益 : 설법해 줄 것을 청하는 것)
하고 기다린다. 그 때문에 몸을 일으켜서 공경하게 청문한
다.]

(2)時長老須菩提在大衆中(至)云何降伏其心。

【경문】 2.
　　그때 장로 수보리가 대중 가운데 있었다. (수보리는) 곧
자리에서 일어나 오른쪽 어깨를 드러내어 오른쪽 무릎을
땅에 대고 공경하게 합장하여 부처님께 여쭈었다.
"희유하십니다. 세존이시여, 여래께서는 모든 보살을 잘 호
념하시고 모든 보살을 잘 부촉하십니다. 세존이시여, 선남
자 선여인이 아뇩다라삼먁삼보리의 마음을 일으켜서는 마
땅히 어떻게 머물러야 하고 어떻게 그 마음을 다스려야 합
니까."

【註】 時。須菩提起問之時。衆弟子中。惟德尊而年高者。謂
之長老。須菩提一名善現。又稱空生。尊者初生時。其家一

空。相師占之。唯善唯吉。故名善吉。偏半也。袒露也。所著
之衣。半露其右肩。東土以袒為慢。西方以袒為敬。表請無上
正覺之法。以身擔荷也。右膝著地。右是正道。左是邪道。亦
表請正法。從實依歸。卑禮承受也。合掌恭敬。東土以拱手為
恭。西方以合掌為敬。兩手相合。肅恭而身不懈。一心專注。
誠敬而容不息也。白。啟問。須菩提向佛啟問而言。已上七
句。皆集經者敘說也。希有。言曠劫難逢。千界一佛。世所希
有。讚佛之詞。如來。佛之通稱。猶華言聖人。如而不生。來
而不滅。即真性之體用。以立名也。護愛護。念存念。付付
授。囑囑告。菩薩。本云菩提薩埵。略其文而便於稱。故云菩
薩。菩提華言覺悟。薩埵華言有情。覺有情者。眾生多有情
欲。而不能覺。惟菩薩在眾生有情之中。自能覺悟而不染。又
能覺有情眾生。而化導之也。諸菩薩。諸眾也。指凡學于如來
者。阿謂無。耨多羅謂上。三謂正。藐謂等。菩提謂覺。謂無
上正等正覺。即指真心言也。此心包含太虛。孰得而上之。故
云無上。然上自諸佛。下至蠢動。此心正相平等。故云正等。
其覺圓明普照。無偏無虧。故云正覺。云何猶如何。請佛言之
詞。應當也。住止也。降伏者。制禦之謂也。

【주석】 2.
　‘시(時)’는 수보리가 질문을 일으킨 때이다.
　대중의 제자들 가운데서 오직 덕이 높고 나이가 많은 사
람만을 가리켜 ‘장로’라고 말한다. ‘수보리’는 일명 선현인
데 또한 공생이라고도 일컫는다. 수보리존자가 처음 태어
났을 때 그 집이 전체가 텅 비었다. 점쟁이가 그것을 점쳐
서 ‘오직 좋은 것뿐이고[唯善]이고, 오직 길한 것뿐[唯吉]

입니다'라고 했기 때문에 선길이라는 이름이 붙었다.

'편(偏)'은 반쪽이다.

'단(袒)'은 드러내는 것이다. 가사를 수(垂)하는데, 반쪽 곧 오른쪽 어깨를 드러낸다. 중국[東土]에서는 단(袒)을 거만한[慢] 것으로 간주한다. 그러나 인도[西方]에서는 단(袒)을 공경하는 것으로 간주하여, 무상정각(無上正覺)의 법을 청하는 것을 표하는 것을 몸으로써 감당한다.

'우슬착지(右膝著地)'에서 우(右)는 곧 정도(正道)이고, 좌(左)는 곧 사도(邪道)이다. 또한 정법(正法)의 청을 표하는 경우에는 진실한 마음으로 의지하고 귀의하므로 (자신을) 낮추는 예로 (가르침을) 받든다.

'합장공경(合掌恭敬)'은 동토에서는 공수(拱手)[32]하는 모습으로써 공경을 삼는다. 그러나 서방에서는 합장(合掌)하는 것으로써 공경을 드러낸다. 두 손을 서로 합쳐서 엄숙하고 공경하게 하며 몸을 느슨하지 않게 하고 일심을 기울여서 정성껏 공경하며 그 자태를 멈추지 않는다.

'백(白)'은 여쭙는 것인데, 수보리가 부처님에게 여쭈어 말하는 것이다.

이상 칠구(七句)[33]는 모두 경전을 결집한 사람이 서설(敍說)한 것이다.

'희유(希有)'는 광겁토록 만나기 어려움을 말한다. 삼천대천세계에 일불(一佛)이기 때문에 세간에서는 희유(希有)

---

32) 拱手는 두 손을 맞잡아 공손한 예를 표시하는 것이다. 엄지손가락만 깍지를 끼고 나머지 손가락은 붙여서 펴서 남자는 왼손을 오른손 위에 두고 여자는 오른손을 왼손 위에 얹어 손바닥이 몸쪽을 향하게 하는 자세이다.

33) 七句는 時·長老須菩提·偏·袒·右膝著地·合掌恭敬·白을 가리킨다.

한데, 부처님을 찬탄하는 말이다.

'여래(如來)'는 부처님의 통칭이다. 마치 한자어에서 성인(聖人)과 같다. '여(如)'는 발생하지 않는 것이고, 래(來)는 소멸하지 않는 것이다. 곧 진성(眞性)의 체(體)와 용(用)으로써 명칭을 붙인 것이다.

'호(護)'는 애호(愛護)이고, '염(念)'은 존념(存念)이며, '부(付)'는 부수(付授)이고, '촉(囑)'은 촉고(囑告)이다.

'보살(菩薩)'은 본래 보리살타(菩提薩埵)인데, 그 문(文)을 줄여서 편리하게 호칭한 것이기 때문에 보살이라고 말한다. '보리'는 한자로는 각오(覺悟)이고, '살타'는 한자로는 유정(有情)이다. 그래서 '각유정(覺有情)'이란 중생에게는 대부분 정욕(情欲)이 있어서 능각(能覺)할 수가 없고, 오직 보살(菩薩)만이 중생유정들 가운데서 스스로 능각오(能覺悟)하여 오염되지 않는다. 또한 능각(能覺)의 유정중생(有情衆生)이 그들 유정중생을 화도(化導)한다.

'제보살(諸菩薩)'은 제중(諸衆)인데, 여래로 나아가는 범학(凡學)[34]을 가리킨다.

'아(阿)'는 말하자면 무(無)이고, '누다라(耨多羅)'는 말하자면 상(上)이며, '삼(三)'은 말하자면 정(正)이고, '먁(藐)'은 말하자면 등(等)이며, '보리(菩提)'는 말하자면 각(覺)이다. 이것이 소위 무상정등정각(無上正等正覺)으로서 곧 진심(眞心)을 가리킨 말이다. 이 진심은 태허를 포함하고 있는데 어떻게 그 위(上)를 얻을 수 있겠는가. 그 때문에 '무상(無上)'이라고 말한다. 그래서 위로는 제불(諸佛)

---

34) 여기에서 말한 凡學은 발심한 모든 사람을 가리킨다. 달리 新學菩薩, 初學菩薩, 初發意菩薩, 新發意菩薩, 初心菩薩이라고도 한다.

로부터 아래로는 준동(蠢動 : 꿈틀거리는 생명체)에 이르기까지 이 진심은 정상(正相)이고 평등(平等)이기 때문에 '정등(正等)'이라고 말한다. 그 '각(覺)'은 원명(圓明)이고 보조(普照)이며 치우침이 없고[無偏]이고 이지러짐이 없기[無虧] 때문에 '정각(正覺)'이라고 말한다.

'운하(云何)'는 여하(如何)와 같은데, 부처님의 설법[佛言]을 청하는 말이다.

'응(應)'은 당(當)이다.

'주(住)'는 지(止)이다.

'항복(降伏)'은 제어(制禦)하는 것을 말한다.

【講】須菩提。在大眾中。即從自己座位起身。整頓威儀。袒其右肩。以示不敢背乎師。屈其右膝。以示不敢左乎道。合掌以示其歸依。恭敬以示其嚴肅。而啟白於佛。以伸問辭。先稱讚曰。舉世所小有者我世尊也。又曰如來起慈悲心。善能衛護眷念此會中之眾菩薩。使之信受。善能以此佛法。付委囑託此會中之眾菩薩。而使之奉行。又問曰。世尊。若有善男子善女人。學道之初。發此阿耨多羅三藐三菩提心者。云何為當常住。而使之不退轉。至於妄心一起。當以何道降伏。而使之不惑亂我真心也。

【강의】 2.

수보리가 대중 가운데 있다가 곧 자기의 자리에서 몸을 일으켜 위의를 정돈하고 그 오른쪽 어깨를 웃통벗어 보임으로써 감히 스승을 등지지 않음을 내보였다. 그 오른쪽 무릎을 꿇음으로써 도에서 어긋나지 않음을 내보였다. 합장함으로써 그 귀의함을 내보였다. 공경함으로써 그 엄숙함을 내보였다. 그리고 부처님에게 사뢰어 질문하는 말을 펼쳤다.

먼저 칭찬하여 말한다.

"세간의 모든 존재 가운데 드문 자가 우리 세존이십니다."

또 말한다.

"여래께서 자비심을 일으켜서 권속을 위호하고 이 법회에 있는 대중보살을 호념하여 그들로 하여금 믿고 받아들이게 해주십니다. 그리고 이 불법에 대하여 잘 부탁하고 일을 맡겨서[付委囑託]35) 그들로 하여금 받들고 실천하게 해주십니다."

그리고 또 묻는다.

"세존이시여, 만약 어떤 선남자 선여인으로서 불도를 닦는 처음에 이 아뇩다라삼먁삼보리심을 일으킨 자는 어떻게 상주해야 그로부터 물러나지 않게 되고, 망심이 한번 일어나는 경지에 이르면 장차 어떤 도로써 제어해야 그로부터 자기의 진심[我眞心]이 미혹되지 않는 것입니까."

(3)佛言善哉善哉須菩提(至)唯然世尊願樂欲聞。

【경문】 3.

부처님께서 말하였다.

"잘 물었다. 진실로 잘 물어보았다. 수보리야, 그대가 말한

---

35) 付委囑託은 付囑하고 委託하는 것이다. 付囑은 훗일을 부탁하는 것인데, 付는 직접 부탁하는 것이고 囑은 중간에 한 사람 거쳐서 부탁하는 것이다. 委託은 일을 맡겨두는 것인데, 委는 직접 맡겨두는 것이고 託은 중간에 한 사람 거쳐서 맡겨두는 것이다.

바와 같이 여래는 모든 보살을 잘 호념하고 모든 보살을 잘 부촉한다. 그대는 이제 분명하게 듣거라. 진실로 그대를 위하여 설해 주리라. 선남자 선여인이 아뇩다라삼먁삼보리의 마음을 일으켜서는 마땅히 다음과 같이 머무르고 다음과 같이 그 마음을 다스려야 한다."

"예, 그러겠습니다. 세존이시여."

그리고 기꺼이 듣고자 하였다.

【註】重言善哉。讚歎之詞。諦審也。仔細聽也。應當也。如是二句。一云。說在下二分。此但引起。而使審聽之詞。是看得太虛。止知照下者。有以為頂上文謂。即此便可以住。即此便可以降伏。即指發菩提心。為印可之詞。是看得太實。止知承上者。竊以如是二字。虛中帶實。上承發菩提心來。實中尚虛。下照度生布施去。方是語脈。夫照下引起。人所易曉。頂上處不可說。得太盡有礙下文也。唯應辭。然者。然其使已諦聽之言。有以為如儒書曾子之唯一貫者。看得太深也。願心所期。樂心喜好。欲心思得。謂心期喜好思得。聞住降之詳也。

【주석】 3.

거듭 '선재(善哉)'라고 말한 것은 찬탄하는 말이다.

'체(諦)'는 살피는 것인데, 자세하게 들으라는 것이다.

'응(應)'은 당(當)이다.

'여시(如是)'의 이구36)는 말하자면 그 설명은 이하에서 둘(起와 降伏)로 나뉘어 있다. 그러나 여기에서는 단지 기(起)만 끌어내어 살펴서 자세하게 들으라고 말하는 것인

---

36) '如是'의 이구는 곧 '如是住' 및 '如是降伏其心'을 가리킨다.

데, 이것은 허(虛, 太虛)를 살피는 것이다. 아래를 비추어 볼 줄 아는 것에 머문 것은 위[頂上]에서 글로 말해둔 것이 있다. 곧 그것은 가히 '주(住)'에 즉한 것이었는데, 곧 이것은 가히 '항복(降伏)'에 즉한 것이다.

그리고 곧 발보리심을 가리킨 것으로 인가하는 말로 삼은 것인데, 이것은 실(實, 太實)을 살피는 것이다. 위를 계승할 줄 아는 것에 머문 것은 잘 살펴보면 여시(如是)의 두 글자는 허(虛) 가운데 실(實)이 있는 모습이다. 곧 위로 발보리심을 계승한 것은 실(實) 가운데에도 오히려 허(虛)가 있는 모습으로 아래로 중생제도의 보시를 비추어본 것이다. 바야흐로 이것이 어맥(語脈)이다.

대저 아래를 비추어보고 기(起)를 끌어들이는 것은 사람들이 이해하기 쉽지만, 위[頂上]의 경지는 불가설이므로 가설(可說)을 다하더라도[太盡] 이하의 경문에 대하여 장애만 있을 뿐이다.

'유(唯)'는 대응하는 말이다.

'연(然)'은 시킨 대로 자세하게 듣겠다는 말이다. 저 유서(儒書)를 보면, 증자(曾子)가 '유(唯)'로 일관한 경우가 있으므로 잘 살펴볼 수가 있을 것이다.

'원(願)'은 마음으로 기대하는 것이다.

'요(樂)'는 마음으로 기뻐하고 좋아하는 것이다.

'욕(欲)'은 마음으로 생각하는 것이다.

소위 마음으로 기대하고 기뻐하며 좋아하고 생각하며 주(住)와 항(降)에 대하여 상세하게 '듣겠습니다[聞]'는 것이다.

【講】 佛因須菩提請問。妙稱佛心。故重言善哉善哉。以歎美之。逐順須菩提之言而云。汝以如來善護念善付囑。此善發我未發之言。汝當詳審而聽。吾當為汝說此應住降伏之道。人之菩提覺心。雖本來固有。然物欲陷溺。攻取日眾。最難發起者。若善男善女。既發此心。當如是安住。如是降伏。其妄心。須菩提。即因佛言。又稱世尊。弟子願欲聞其說也。

【강의】 3.

부처님은 수보리의 청문이 미묘하게 불심에 칭합한 것을 인유한 까닭에 거듭하여 '선재·선재'라고 말로써 그것을 탄미하고, 마침내 수보리의 질문을 따라서 다음과 같이 말한다.

"그대가 '여래께서는 잘 호념하시고 잘 부촉하십니다.'라고 말한 것은 내가 미발(未發)한 말을 선발(善發)한 것이다. 그대는 마땅히 자세하게 살피고 듣거라. 내가 장차 그대를 위하여 이 응주(應住)와 항복(降伏)의 도에 대하여 설해주겠다. 사람들은 보리각심(菩提覺心)이 비록 본래부터 고유하지만, 물욕에 빠져 공격하여 빼앗는 일이 날로 많아져 발기하기가 매우 어렵다. 그러나 만약 선남·선녀로서 이미 보리각심을 일으켰다면 반드시 여시(如是)하게 주(住)하고 여시(如是)하게 그 망심(妄心)을 항복(降伏)해야 한다."

그러자 수보리가 곧 부처님의 말을 인하여 다시 세존을 호칭하여 '바라건대, 저희 제자들은 그 설법을 듣고자 합니다.'라고 말한다.

○大乘正宗分第三
제3 대승정종분

(大乘者。言非小乘也。佛法有大乘小乘。如儒家大學小學。
菩薩用此大乘法。化導眾生。猶車之載物運量有甚大也。宗者
心之所主。正者言正。而非邪也)。

[대승은 소승이 아님을 말한 것이다. 불법에는 대승과 소
승이 있다. 마치 유가에 대학과 소학이 있는 것과 같다.
보살이 이 대승법을 활용하여 중생을 화도(化導)하는 것이
마치 수레가 물품을 싣고 운반하는데 그 분량이 심대한 것
과 같다. 종(宗)은 마음의 주인이고, 정(正)은 언설이 바
른 것으로 사(邪)가 아니다.]

(4)佛告須菩提諸菩薩(至)眾生相壽者相即非菩薩。

【경문】 4.
　부처님께서 수보리에게 말하였다.
"모든 보살마하살은 마땅히 이와 같이 그 마음을 다스려야
한다. 존재하는 일체중생의 부류 곧 난생 · 태생 · 습생 ·
화생 · 유색 · 무색 · 유상 · 무상 · 비유상 · 비무상 등을 내
가 다 무여열반에 들게끔 하여 그들을 멸도시켰다. 이와
같이 무수 · 무량 · 무변한 중생을 멸도시켰지만 실로 중생
으로서 멸도된 자는 없다. 수보리야, 왜냐하면 만약 보살
에게 아상 · 인상 · 중생상 · 수자상이 있으면 보살이 아니
기 때문이다.

【註】諸菩薩摩訶薩。佛呼在會之眾也。摩訶大也。大覺有情。即能救度人者。如是。指下文所告也。眾生者。謂凡有生之類。上自諸天。下至人物。眾生雖多。約有九種。若如也。卵胎濕化。有色無色。有想無想。非有想非無想也。我者。對眾之稱。代度生菩薩。設為自任之詞。非佛自謂也。皆盡也。令使也。入者。入於其中。無餘。外更無有餘。大涅槃。一切修行者之所依歸。蓋指本來清淨真空心境也。滅消滅。滅盡一切愚癡煩惱。度化度。度脫生死苦海。菩薩心平等。普願與一切眾生。同入無餘涅槃也。量限量。數數目。邊邊岸。無量無數無邊。邊之極言其多也。相者形迹。執著此形迹。心不虛空。滯而不化。謂之有也。我相者。認四大以為己有。而成我相。人相對我而言。眾生相則凡有生者皆是。壽者利長生不滅。有悠久之義。

【주석】 4.

'제보살마하살'은 부처님이 법회의 대중을 부르는 말이다.

'마하'는 대(大)이다. 대각의 유정은 곧 중생을 구제하여 제도하는 사람이다.

'여시'는 이하의 경문에서 고한 것을 가리킨다.

'중생'은 소위 온갖 유생의 부류이다. 위로는 제천으로부터 아래로는 인물에 이르기까지 중생이 비록 많을지라도 요약하면 9종이다.

'약(若)'은 여(如)로서, 난(卵)·태(胎)·습(濕)·화(化)·유색(有色)·무색(無色)·유상(有想)·무상(無想)

· 비유상비무상(非有想非無想)이다.

'아(我)'는 대중을 상대하는 칭호로서 중생을 제도하는 보살을 대신한다. 설령 스스로 하는 말이지만 부처님이 자신을 말하는 것은 아니다.

'개(皆)'는 진(盡)이다.

'영(令)'은 사(使)이다.

'입(入)'은 그 가운데 들어가는 것이다.

'무여(無餘)'는 그밖에 다시는 유여(有餘)가 없는 대열반으로서 일체수행자가 귀의하는 바이다. 대개 본래청정한 진공의 심경을 가리킨다.

'멸(滅)'은 소멸로서 일체의 우(愚)·치(癡)의 번뇌를 소멸하는 것이다.

'도(度)'는 화도(化度)로서 생사고해를 도탈(度脫)하는 것이다. 보살은 마음이 평등하여 널리 일체중생과 더불어 무여열반에 함께 들어간다.

'양(量)'은 한량(限量)이고, '수(數)'는 수목(數目)이며, '변(邊)'은 변안(邊岸)으로 무량(無量)·무수(無數)·무변(無邊)은 변(邊)의 극(極)으로서 그것이 많음[多]을 말한 것이다.

'상(相)'은 형적(形迹)이다. 이 형적에 집착하면 마음이 허공과 같지 않고 막혀서 교화하지 못하는데, 그것이 '유(有)'이다.

'아상(我相)'은 사대(四大)로써 자기의 존재를 인정하여 아상(我相)이 된다.

'인상(人相)'은 아(我)에 상대되는 말이다.[37]

---

[37] 여기에서 아상과 인상을 상대적인 개념 곧 '자기'와 '남'이라는 의미

'중생상(衆生相)'은 곧 무릇 생명체는 모두 중생이라는 것이다.

'수자(壽者)'는 장생불멸(長生不滅)에 통하는데 유구(悠久)하다는 뜻이다.

【講】佛告須菩提說。諸大菩薩。以妄心欲其降。而使眞心安住者。果何道以致之。凡人一身。悉皆五陰六識。遮蔽我之眞性故。與一切眾生交接。感我妄心時難降伏。何以見之。有性易輕舉飛揚浮動。或由軀殼。而名卵生者。有識常流轉。習氣深重。或由胞衣。而名胎生者。有心隨邪見。沉淪不省。或感濕氣。而名濕生者。有情逐景趣。遷流起幻。或隨變化。而名化生者。有執相修因。著色見者。名為有色。有寂守空頑。著無色見者。名為無色。有滯諸聞見。係念染著者。名為有想。有絕念不起。致虛守寂者。名為無想。有起生滅見。落有無兩頭機者。名非有想非無想。凡此九類眾生。迷眞逐妄。種性不同。相因性起。妄心建立。隨類受生。若天若人若物。虛空等神。陰魔等鬼。沉溺世趣。流轉生死。下自欲界。上至諸天。輪迴六道。難入涅槃者也。以妄感妄。動我妄心。起分別見。致難降伏。今我即發平等正覺心。則眾生本心。與我心無二。皆令消融其煩惱。點化其染著。覺妄悟眞。破愚癡見。息無明火。入於淸淨無為涅槃妙境。而滅度之。如是滅度。無限量。無計數。無邊際。一切眾生。豈眞有眾生。使入涅槃而滅度之哉。盖眾生原有此菩提心。只為迷而不悟。遂生種種妄相。今

로 해석하고 있는 것은 순전히 중국적인 한자의 개념으로 이해한 것이다. 그러나 본래 범어의 의미로 보자면 아상은 '영원불변의 아트만이 있다는 관념'을 가리키고, 인상은 '다른 존재와 구별되는 個我가 있다는 관념'을 말한다.

令心地一朝豁然開朗。種性悉化。頓見本性空寂。是乃自性自
度。本來無此眾生。何得而滅度之。夫實無有眾生得滅度者。
此何以故。盖自性本空。無有我人眾生壽者之形迹。是為無上
菩提心。方是大菩薩。若或有此四相。則於前一切眾生。妄為
分別。心生邪見。起諸煩惱。安得皆令滅度。以至涅槃哉。即
非菩薩地位中人矣。

【강의】 4.

부처님께서 수보리에게 고하여 말했다.

"제대보살로서 망심을 항복받고 진심에 안주하고자 하는
사람은 과연 어떤 도를 닦아야 거기에 이를 수 있겠는가.
범부의 일신(一身)은 모두 다 오음과 육식이 아(我)의 진
성(真性)을 덮고 있는 까닭에 일체중생과 더불어 교접하여
아(我)의 망심이 감응되는 경우에는 항복하기가 어렵다.
무엇으로 그런 줄을 아는가.

유성(有性)은 쉽게 경거(輕擧)하고 비양(飛揚)하며 부동
(浮動)하여 혹 육체[軀殼]를 말미암는다.

'난생(卵生)'이라고 말한 것은 식(識)이 항상 유전(流轉)
함이 남아 있어 습기(習氣)가 심중(深重)하여 혹 포의(胞
衣)를 말미암는다.

'태생(胎生)'이라고 말한 것은 심(心)이 사견(邪見)을 따
름이 남아 있어 침륜(沉淪)해도 반성하지 못하여 혹 습기
(濕氣)로 감응한다.

'습생(濕生)'이라고 말한 것은 유정(有情)이 경취(景趣)
를 좇음이 남아 있어 천류(遷流)하면서 환(幻)을 일으켜
혹 변화(變化)를 따른다.

'화생(化生)'이라고 말한 것은 형상에 집착하여 인(因)을 닦음이 남아 있다.

색견(色見)에 집착하는 존재를 '유색(有色)'이라고 말하는데, 적(寂)을 고수하여 공(空)에 완고함이 남아 있다.

무색견(無色見)에 집착하는 존재는 '무색(無色)'이라고 말하는데, 모든 문(聞)·견(見)에 막힘이 남아 있다.

계념(係念)하고 염착(染著)하는 존재는 '유상(有想)'이라고 말하는데, 망념을 단절하여 일으키지 않는다는 것이 남아 있다.

마음을 비우고[致虛] 고요함을 지키는[守寂] 존재는 '무상(無想)'이라고 말하는데, 생(生)·멸(滅)의 견해를 일으킴이 남아 있다.

유·무 양변의 기(機)에 떨어지는 존재는 '비유상비무상(非有想非無想)'이라고 말한다.

무릇 이 구류중생은 진(真)에 미혹하여 망(妄)을 좇고, 종성(種性)이 부동(不同)하며, 상(相)을 인(因)하여 성(性)을 일으키고, 망심(妄心)으로 건립하여 유(類)를 따라서 생을 받는다. 그래서 천(天)·인(人)·물(物)·허공(虛空) 등의 신·음마(陰魔) 등의 신으로 침닉(沈溺)하는 세간을 향해서 생사에 유전한다. 아래로는 욕계로부터 위로는 제천에 이르기까지 육도에 윤회하여 열반에 들어가기 어려운 존재이다. 망(妄)으로써 망(妄)을 감응해서 아상의 망심을 작동하고 분별견해를 일으켜서 항복하기 어려운 경지에 이른다.

그러므로 이제 내가 곧 평등·정각의 마음을 일으킨즉, 중생의 본심이 내 마음과 더불어 둘이 아니므로 모두 그들로 하여금 그 번뇌를 녹여주고 그 염착을 교화해서 망(妄)을 일깨워 진(真)을 깨우치고, 우치의 견해를 타파하며 무명의 불을 그쳐서 청정·무위·열반·묘경에 들어가도록 하여 그들을 멸도시켜 준다. 이와 같이 한계를 지을 수가 없고[無限量], 숫자로 헤아릴 수가 없으며[無計數], 끝을 알 수가 없는[無邊際] 일체중생을 멸도시켰지만, 어찌 진정으로 열반에 들도록 하여 멸도를 받은 그들 중생이 있겠는가.

무릇 중생은 원래부터 그 보리심을 지니고 있다. 단지 미혹 때문에 깨치지 못할 뿐이다. 그리하여 마침내 갖가지 망상(妄相)을 발생하는데, 이제 그들 마음을 하루아침에 크게 열어젖혀 주고[豁然開朗] 종성(種性)을 모두 교화하여 본성이 공적함을 문득 보도록 해준다. 이것이야말로 이에 자기의 본성이 스스로 제도하는 것이므로 본래 그 중생이란 없는데 어찌 그들을 멸도시켰다는 것이 가능하겠는가.

대저 '실로 중생으로서 멸도된 자는 없다.'는 것은 바로 이런 까닭이다.

무릇 자성은 본래 공이므로 아(我)·인(人)·중생(眾生)·수자(壽者)라는 형적이 없는데, 이것이 무상보리심이고 바야흐로 곧 대보살이다. 만약 이처럼 아·인·중생·수자의 사상이 있다면 곧 앞의 일체중생에 대하여 허망하게 분별하는 것이 되고 마음에 사견이 발생하며 제번뇌가 일어나는 것인데, 어찌 '모두 멸도시켜서 열반에 이르게 했다.'는 것이 가능하겠는가. 그것은 곧 보살지위 가운데 있는 사람이 아니다."

○妙行無住分第四
제4 묘행무주분

(分爲二節。妙行。謂修無上正覺精妙之行。無住者。不拘泥執著精妙之行。本無住著也)。

[묘행무주분은 두 대목으로 나뉜다. (하나는) 묘행은 소위 무상(無上)·정각(正覺)의 정묘행(精妙行)을 닦는 것이다. (둘은) 무주는 흐린 집착에 걸리지 않는 정묘행(精妙行)으로 본래부터 주착(住著)이 없는 것이다.]

(5)復次須菩提菩薩於法(至)不住聲香味觸法布施。

【경문】 5.
또한 수보리야, 보살은 법에 마땅히 주(住)하는 바 없이 보시해야 한다. 이른바 색에 주(住)하지 않고 보시하며, 성·향·미·촉·법에 주하지 않고 보시해야 한다.

【註】復還也。次再也。還再與須菩提言。敍經者之詞也。(宗註。次坐次也)。須菩提先于座起。跪而請問。至是。使還坐而告之。復次二字佛言也。須菩提呼而告之也。亦通錄爲旁參。於法之法。槩指佛法。言觸法之法。屬意分別思想皆。是布普也。施捨也。色聲香味觸法爲六塵。眼耳鼻舌身意爲六根。眼入色。耳入聲。鼻入香。舌入味。身入觸。意入法。爲六入。觸者。來加于身。如飽煖安逸者。妙觸也。勞痛饑寒者。苦觸也。法者。卽意之所擧。計校分別是非之類。當于義

理者善法也。動于情欲者惡法也。住者。即住于根塵。而執著
不化也。不住布施。如以色施人。而不存施色之心。聲香等亦
然。

【주석】 5.

　'부(復)'는 환(還)이고, 차(次)는 재(再)인데, 다시 수보
리를 돌아보고 말한 것이다. 경전을 서술한 사람38)의 말이
다.

　[종주(宗註)로 보면 차(次)는 좌차(坐次)이다.]39) 이것
은 곧 수보리가 먼저 자리에서 일어나 무릎을 꿇고 청문하
였는데, 이 대목에서는 일어났던 자리로 돌아가서 앉으라
고 수보리에게 일러준 것을 가리킨다.

　'부차(復次)'의 두 글자는 부처님 말인데, 수보리를 불러
서 그것을 일러주는 것이다. 또한 『통록』40)에는 (復次라는
말에 해당하는 용어가) 널리 살펴본다[旁參]고 되어 있다.
　'어법(於法)'에서 법(法)은 일반적으로 불법을 가리킨다.
　'촉(觸)·법(法)'의 법이라고 말한 것은 의분별(意分別)에
속하는 사상(思想) 전체가 이에 속한다.

---

38) 경전을 서술한 사람의 말이다[敍經者之詞也]에 대하여 두 가지 견해
　　가 있다. 하나는 경전을 편찬한 사람의 말이라는 견해이고, 둘은 부
　　처님의 말이라는 견해이다. 『金剛經彙纂』卷上, (卍新續藏25, p.763
　　中) "又云。謂再編次佛與須菩提問答之言。是集經者。自謂。又云。佛
　　言也。復呼須菩提而告之也。二說存參" 그러나 본 『金剛經正解』에서
　　는 "復次二字佛言也"라고 하여 부처님의 말씀이라고 되어 있다.
39) 宗註는 宗旨를 가지고 言敎를 주석한다는 말이다. 敎註는 언교를 가
　　지고 종지를 주석한다는 말이다. 『無異元來禪師廣錄』卷6, (卍新續藏
　　72, p.265上) "諸昆仲諸方將宗註敎。博山將敎註宗" 참조.
40) 『通錄』은 『集神州三寶感通錄』 3권으로 唐의 道宣律師(596-667)가
　　신앙과 교화를 위한 목적으로 저술한 책이다.

곧 '보(布)'는 보(普)이고, '시(施)'는 사(捨)이다.

색·성·향·미·촉·법을 육진이라고 하고, 안(眼)·이(耳)·비(鼻)·설(舌)·신(身)·의(意)를 육근이라고 하는데, 안입색(眼入色)이고 이입성(耳入聲)이며 비입향(鼻入香)이고 설입미(舌入味)이며 신입촉(身入觸)이고 의입법(意入法)하는 것을 육입(六入)이라고 한다.

'촉(觸)'은 신(身)에 가해지는 것이다. 마치 포(飽)·난(煗)·안(安)·일(逸)은 묘촉(妙觸)이고, 노(勞)·통(痛)·기(饑)·한(寒)은 고촉(苦觸)인 것과 같다.

'법(法)'은 의(意)에 즉(卽)한 것을 언급한 것이다. 계교(計校)·분별(分別)·시비(是非)의 부류로서 의리(義理)에 해당하는 것은 선법(善法)이고, 정욕(情欲)에 요동치는 것은 악법(惡法)이다.

'주(住)'는 곧 근(根)·진(塵)에 주하여 집착하는 것으로서 교화할 수가 없다.

'부주보시(不住布施)'는 마치 색(色)으로써 남에게 보시하지만 시색(施色)의 심(心)이 남아 있지 않는 것이다. 성(聲)·향(香) 등의 경우도 또한 그와 같다.

【講】佛再與須菩提說。菩薩於一切所行之法。當無所執著。即行於布施。言以色布施。不著於色。聲香味觸法皆然。蓋凡夫貪著。借布施種福。此為住相。布施著在物上。菩薩行施。了達本空。不住色聲香味觸法。而施無留滯。執著應當也。菩薩行施。理當如是也。

【강의】 5.

부처님께서 다시 수보리에게 말한다.

"보살은 일체소행의 법에서 반드시 집착이 없이 곧 보시를 행해야 한다. 색으로써 보시하되 색에 집착하지 않아야 하고, 성·향·미·촉·법에도 모두 그렇게 해야 한다고 말했다. 대개 범부가 탐착해서 보시를 빌려 복덕을 심는 그것은 상에 주(住)하는 것으로 그 보시는 재물에 집착하는 것이다. 그러나 보살은 보시를 행하되 그것이 공임을 요달하여 색·성·향·미·촉·법에 주(住)가 없이 보시하되 유체(留滯)가 없다. 보살이 보시를 행하는 이치는 반드시 이와 같이 해야 한다."

(6)須菩提菩薩應如是布施(至)菩薩但應如所教住。

【경문】 6.

수보리야, 보살은 마땅히 이와 같이 보시하되 상에 주하지 않아야 한다. 왜냐하면 만약 보살이 상에 주하지 않고 보시하면 그 복덕은 불가사량하기 때문이다.

수보리야, 어떻게 생각하느냐. 동방의 허공을 가히 생각으로 헤아릴 수 있겠느냐."

"그렇지 않습니다, 세존이시여"

"수보리야, 남방·서방·북방·네 간방·상방·하방을 가히 생각으로 헤아릴 수 있겠느냐."

"그렇지 않습니다, 세존이시여."

"수보리야, 보살이 상에 주하지 않고 보시하는 복덕도 그와 또한 같이 불가사량하다. 수보리야, 보살은 마땅히 이와 같은 가르침에 주해야 한다.

【註】相即六根六塵之相。福德乃性中之福德。佛恐人疑不住相。則落頑空。故言福德。以喚醒之。福德無量。福報亦無量。佛止言福德者。菩薩但修福。不望福報也。不可思量。言其廣大。不可以心思度量其多小也。於意云何。言汝意中。作何理會也。四維四隅也。如東南方西北方之類。東西南北。四維上下。總謂之十方。虛空者。太虛之中。無有纖毫隔礙。蕩然空明。非心思可能量度。佛以福德不可思量故。舉十方虛空為喻。虛空豈可思是。故須菩提。皆言不也。語畢而呼世尊者。敬之至也。虛空而該以十方者。是虛空之全體。即非頑空也。如是指上文虛空也。

【주석】6.

'상(相)'은 곧 육근 및 육진의 상이다.

'복덕'은 이에 자성 속의 복덕이다. 부처님은 중생이 부주상(不住相)에 대하여 의심하여 곧 완공(頑空)에 떨어질 것을 염려한 까닭에 복덕에 대하여 말해줌으로써 중생을 환기시켜 주었다.

'복덕무량'은 복덕의 과보도 또한 무량하다는 것이다. 그런데도 부처님은 '복덕'이라고만 말한 것에 그친 것은 보살이라면 무릇 복덕을 닦되 복덕의 과보를 바라지 않기 때문이다.

'불가사량'은 그것이 광대하여 곧 심(心)·사(思)로 그 다(多)·소(小)를 탁(度)·량(量)할 수 없는 것을 말한다.

'어의운하'는 그대는 생각으로 어떻게 이회(理會)를 하느냐고 물은 것이다.

'사유'는 네 모퉁이이다. 마치 동남방·서북방·동북방·서남방과 같은 부류이다.

'동·서·남·북·사유·상·하'는 모두는 시방을 일컫은 것이다.

'허공'은 태허(太虛)인데 그 가운데는 털끝만큼[纖毫]의 틈[隔礙]도 없이 탕연(蕩然)하고 공명(空明)하여 심사(心思)로 양(量)·탁(度)할 수가 없다. 부처님은 복덕이 불가량하다고 말하기 위하여 시방과 허공의 비유를 들었다.

허공에 대하여 어찌 제대로 생각할 수 있겠는가. 그 때문에 수보리는 모두 '불야(不也)'라고 말했다. (수보리가) 답변을 마치고 '세존'을 부른 것은 공경이 지극함을 나타낸다.

허공처럼 편만[該]한 시방이란 바로 허공의 전체로서 곧 완공(頑空)이 아니다.

'여시(如是)'는 위의 경문에서 말한 허공을 가리킨다.

【講】佛又呼須菩提而言。菩薩自當如是布施。不住於相。何以故。若學道的菩薩。不泥著色聲香味觸法之根塵。以為布施。則喜捨心空。圓滿其福德。量等虛空。豈人之心思。可得而測度忖量哉。又問須菩提。於汝意中。自謂如何。如東方虛空。可以心思度量不。須菩提答云。不可思量。更問南西北方四維上下虛空。可思量不。須菩提亦答云。不可思量。盖大莫大於虛空。非人之所測度。佛又明說無住相布施之福德。亦如虛空之不可以思量也。既而佛又呼而告之。諸菩薩之學道者。不必別處更求。應住之下落。但當依我所教於汝。無住相布施

之法。便就此止應用存養之間。湛若十方虛空。無所住而住可
也。

【강의】 6.
　부처님은 또한 수보리를 불러서 말한다.
"보살 자신은 반드시 여시(如是)하게 보시하되 상에 주하
지 말아야 한다. 왜냐하면 만약 도를 닦는 보살이 색·성
·향·미·촉·법이 근·진에 집착하지 않고 보시하면 곧
희·사의 마음의 공으로 그 복덕을 원만하여 역량[量]이 허
공과 같은데 어찌 중생이 심(心)·사(思)로써 측탁(測度)
·촌량(忖量)할 수 있겠는가."
　(부처님께서) 또 수보리에게 물었다.
"그대의 생각으로는 스스로 뭐라고 말하겠는가. 저 동방의
허공을 가히 심(心)·사(思)로써 탁(度)·양(量)할 수 있
겠는가."
　수보리가 답변으로 말했다.
"불가사량입니다."
　(부처님께서) 또 물었다.
"남방·서방·북방 및 사유와 상·하의 허공을 헤아릴 수
있겠는가."
　수보리가 또 답변으로 말했다.
"불가사량입니다."
　대개 크기로 말하자면 허공보다 큰 것은 없어서 그것을
측탁(測度)할 수 있는 중생은 없다.
　부처님은 또 부주상보시의 복덕도 또한 허공과 같다고
설하여 사량할 수가 없다고 해명한다. 그리고나서 부처님

이 다시 (수보리를) 불러서 그것을 다음과 같이 고한다. 제보살로서 도를 닦는 사람은 다른 이치[別處]에서 다시 추구해서는 결코 안 된다.

'응여소교주(應如所教住)' 이하의 단락은 무릇 반드시 내 (여래)가 그대(수보리)한테 가르쳐준 것에 의거하라는 것이다. 무주상보시의 법으로 곧 나아가서 거기에 머물러서 [止] 응용(應用)하고 존양(存養)하게 되면 시방의 허공처럼 맑아서 무소주(無所住)이면서 주(住)할 수가 있다.

○如理實見分第五
제5 여리실견분

(分爲二節。凡人之形色。皆屬虛妄。非眞實也。所見非眞見
也。惟此如如之理。乃人本性。是爲眞實。不以目見而以心見
不求相見而求理見。是爲實見也)。

[여리실견분은 두 대목으로 나뉜다. (하나는) 무릇 사람의
형색은 모두 허망에 속하여 진실이 아니고, 소견은 진견이
아니다. 오직 이 여여한 이치만 이에 사람의 본성으로 이
것이 진실이다. (둘은) 그래서 눈으로 보지 않고 마음으로
보아야 하고, 상견(相見)으로 추구하지 말고 이견(理見)으
로 추구해야 하는데 이것이 실견(實見)이다]

(7)須菩提於意云何(至)如來所說身相卽非身。

【경문】7.
　수보리야, 어떻게 생각하느냐. 신상(身相)으로 여래를
볼 수 있겠느냐."
"아닙니다, 세존이시여. 신상으로 여래를 볼 수는 없습니
다. 왜냐하면 여래께서 설하신 신상은 곧 신상이라 말할
수 없기 때문입니다."

【註】此如來。謂眞性佛。湛然常住。本無生滅。無相之可見
者也。身謂色身。相謂諸相。卽非身相。謂色身與諸相。皆非
眞實也。

【주석】 7.

여기에서 '여래'는 소위 진성불로서 담연상주하고 본래 생·멸이 없어서 상(相)을 통해서 볼 수 있는 것이 아니다.

'신(身)'은 색신을 말하고, '상(相)'은 제상(諸相)을 말한다.

'즉비신상(即非身相)'은 색신과 제상이 모두 진실이 아님을 말한다.

【講】 佛語須菩提曰。我謂學道菩薩。如所敎住。而無所別求者。蓋以如來。不可以形迹求也。於汝之意云何。可以有形之色相。即見如來不耶。須菩提解其意乃答曰。不也世尊。不可以身相。得見如來。何故不可以身相見之。蓋如來所說身相。不過形體假合之末耳。豈可謂之實有身相。而見真如來哉。故曰即非身相也。

【강의】 7.

부처님께서 수보리에게 말한다.

"나(여래)는 도를 닦는 보살[學道菩薩]에게 가르침대로 주해야지 별도로 추구하지 말라고 말한다. 무릇 여래는 형적(形迹)을 통해서 추구할 수가 없다. 그대의 생각은 어떠한가. 가히 형체의 색상(色相)을 통해서 곧 여래를 친견할 수 있겠는가."

수보리가 그 뜻을 이해하고 이에 답변으로 말한다.

"아닙니다. 세존이시여. 신상(身相)을 통해서는 여래를 친견할 수 없습니다. 왜냐하면 신상을 통해서는 그것을 볼 수가 없기 때문입니다. 무릇 여래가 설한 신상은 형체(形體)가 가합(假合)한 결과[末]에 불과할 뿐입니다. 그런데 어찌 그것을 실로 유신상(有身相)으로서 진여래를 친견했다고 말할 수가 있겠습니까. 그 때문에 곧 신상이 아니라고[即非身相] 말하는 것입니다.”

(8)佛告須菩提凡所有相(至)若見諸相非相即見如來。

【경문】8.
　부처님께서 수보리에게 말하였다.
“무릇 형상이 있는 것은 다 허망한 것이다. 만약 제상은 실상이 아니라고 안다면 곧 여래를 볼 수가 있다.”

【註】謂之諸相。不止身相。凡法相非法相。皆在其中。而心不執著。則見諸相非相。此如來指法身也。

【주석】8.
　소위 ‘제상(諸相)’은 신상(身相)에 그치지 않고, 무릇 법상(法相)·비법상(非法相)이 모두 그 가운데 속한다. 그래서 마음에 집착이 없은즉 제상(諸相)이 진상(眞相)이 아닌 줄 보는 것이다.
　여기에서 ‘여래’는 법신을 가리킨다.

【講】佛告須菩提曰。夫如來既不可以相求。可見世間。凡有形相者。皆是假合的。不是本有真實的。雖有形相。亦虛妄耳。汝若能見一切諸相。便識破非真實本相。自無執相迷真之失。即能迴光返照。見法身眞性。如來隨處顯現矣。

【강의】 8.
  부처님께서 수보리에게 말한다.
"대저 여래를 이미 상(相)을 통해서 추구할 수 없지만, 세간은 볼 수가 있다. 무릇 형상이 있는 것은 모두 곧 가합적(假合的)인 것으로 본유(本有)의 진실적(眞實的)인 것이 아니다. 만일[雖] 형상이 있으면 또한 허망일 뿐이다. 그대가 만약 일체제상을 보고서 곧 진실의 본상(本相)이 아님을 안다면[識破] 자연히 집상(執相)과 미진(迷眞)의 과실이 없어서 즉 회광반조하고 법신의 진성을 본다. 그러면 여래가 가는 곳마다 현현한다."

○正信希有分第六
제6 정신희유분

(分為二節學道以信為本。大乘法無住無相。乃是正宗聞之。而不疑懼。故為正信。此人不可多得。故為希有)。

[정신희유분은 두 대목으로 나뉜다. (하나는) 대승법은 무주이고 무상이다. (둘은) 이에 그 정종(正宗, 대승)에 대하여 들어도 의구(疑懼)가 없기 때문에 정신(正信)이라고 한다. 그리고 그런 사람은 많지 않기 때문에 희유라고 한다.]

(9)須菩提白佛言世尊(至)得如是無量福德。

【경문】 9.
　수보리가 부처님에게 아뢰어 말했다.
"세존이시여, 많은 중생이 이와 같은 언설장구를 듣고 진실한 믿음을 내겠습니까."
　부처님께서 수보리에게 말하였다.
"그렇게 말하지 말라. 여래가 입멸한 이후 후오백세에도 계를 지니고 복을 닦는 사람이라면 이 장구(章句)에서 신심을 내는데 그것은 진실이다. 마땅히 알아라. 이 사람은 한 부처님 두 부처님 셋·넷·다섯 부처님께만 선근을 심은 것이 아니라 이미 무량한 천만억 부처님 처소에서 모든 선근을 심었기 때문에 이 장구(章句)를 내지 일념(一念)만이라도 들으면 곧 청정한 믿음을 낸다. 수보리야, 여래는

이러한 모든 중생이 이와 같이 무량한 복덕 얻는 것을 다
알고 다 본다.

【註】白告也。頗略也。章章分。句句讀。實信眞實信心也。
如是言說章句。指上三四五分之辭。與無住行施無相見佛之
說。後五百歲者。大集經云。有五箇五百歲。初五百歲。解脫
堅固。第二禪定堅固。第三多聞堅固。第四塔寺堅固。第五鬪
諍堅固。經云後五百歲。指末法鬪諍之時。亦有持戒修福之
人。持戒者。諸惡莫作。修福者。眾善奉行。根者。有生長之
義。一念生淨信。專一其念。而無染著。是名淨信也。福德兼
慧而言。世間所享者福報。信此經者名福德。言有福又有德
也。

【주석】 9.
　‘백(白)’은 고(告)로서 매우 간략한 것이다. 장(章)마다
나누고 구(句)마다 나눈 것이다.
　‘실신(實信)’은 진실과 신심이다.
　‘여시언설장구(如是言說章句)’는 위에서 지적한 제3 대
승정종분·제4분 묘행무주분·제5 여리실견분 등의 말을
가리킨다.
　‘후오백세(後五百歲)’는 다섯 개의 오백세인데 다음과 같
다. 초오백세는 해탈견고(解脫堅固)이다. 제이오백세는 선
정견고(禪定堅固)이다. 제삼오백세는 다문견고(多聞堅固)
이다. 제사오백세는 탑사견고(塔寺堅固)이다. 제오오백세
는 투쟁견고(鬪諍堅固)이다. 경문에서 말한 후오백세는 말
법(末法)으로 투쟁시대이다.

　'역유지계수복지인(亦有持戒修福之人)'에서　지계는　제악막작(諸惡莫作)이고,　수복(修福)은　중선봉행(衆善奉行)이다.

　'근(根)'은　생장(生長)의　뜻이　있다.

　'일념생정신(一念生淨信)'은　전일(專一)한　그념(其念)에는　염착이　없는　것을　곧　정신(淨信)이라고　말한다.

　'복덕(福德)'에는　지혜를　겸하여　말한　것이다. 세간을　누리는　것은　복덕의　과보이다. 그러므로　이　경전을　믿는　것을　복덕이라고　말한다. 복이　있는　것은　또한　덕이　있는　것이라고도　말한다.

【講】須菩提深信佛所言說。恐後之人聞法。不能信受。乃白佛言。世尊所說。皆大乘正宗之教。菩薩未有不信受而奉行者。但大凡眾生。頗有得聞如是不住行施。真空無相之言說章句。果能實信之不也。佛告須菩提。汝莫輕視眾生。作此生實信不之說。蓋不住真空妙理。人心所固有。但為六塵四相所蔽。而昧之耳。必有大根器的善人。自能信任其道。即至如來滅後。到後五百歲之時。斷有持戒修福之善人。能於此經中之一章一句。信之於心。以為真實語。當知此人之善根。培植甚厚。豈止於一佛二佛三四五佛。而種此善根哉。已於無量千萬佛所中。凡世間一切利物濟人之事。無不行之。而種諸善根發生。得此實信心來。非淺根人所能得也。若有此善根之人。得聞此經之章句。乃至一念之中。淨而不亂。信而不疑。不此淨信心者。如來盡能證明而知之。盡能攝受而見之。是諸信心者。雖名為眾生。其淨信所得福德。受用不盡。豈有限量哉。

【강의】9.

　수보리는 부처님의 설법을 심신(深信)하였지만, 후래인이 설법을 듣고도 신수(信受)하지 못할 것을 염려하였다. 이에 부처님에게 아뢴다.

"세존의 설법은 모두 대승정종의 가르침입니다. 보살로서 신수(信受)하고 봉행(奉行)하지 못한 사람은 없습니다. 그렇지만 무릇 대범중생(大凡衆生: 이미 발심을 했지만 수행이 아직 미완성인 상태의 보살)이면서 이와 같은 행시(行施)에 주함이 없고 진공(真空) 및 무상(無相)이라는 언설장구를 듣고서도 그것을 끝내 진실하게 믿지[實信] 못하는 사람이 대단히 많습니다."

　부처님께서 수보리에게 말한다.

"그대는 중생들이 실신(實信)을 발생하지 못한다고 말함으로써 중생을 경시해서는 안 된다. 사람들의 마음에는 진실한 믿음이 본래부터 갖추어져 있음[固有]에도 불구하고 무릇 진공(真空)의 묘리(妙理)에 주하지 못하는 것은 단지 육진(六塵)과 사상(四相)에 덮여 있어서 그것에 어두울 뿐이다. 반드시 대근기(大根器)의 선인(善人)으로서 스스로 믿고 그 도를 감당한즉 여래가 입멸한 이후에 이르러 후오백세의 시대가 도래한다고 해도 결단코 지계·수복하는 선인이 있어서 이 경문 속의 일장(一章)·일구(一句)를 마음으로 믿는데 그것은 진실한 말이다. 그러므로 그 사람의 선근은 배식(培植)되고 심후(甚厚)할 것임을 반드시 알아야 한다. 그것이야말로 어찌 일불·이불·삼불·사불·오불에만 선근을 심은 것에 그쳤겠는가. 이미 무량한 천만의 부처님 처소에서 모든 세간의 일체에서 이물제인(利物

濟人)의 수행을 하여 실천하지 않은 적이 없고 제선근(諸善根)을 심어 발생하였기에 그 실신심(實信心)이 도래한 것이지 천근인(淺根人)이 얻을 수 있는 것이 아니다. 만약 그러한 선근인이 이 경문의 장구를 듣는다면 일념에 청정하여 어지럽지 않고 믿어서 의심하지 않는다. 그 때문에 이처럼 정심(淨心)·신심(信心)의 사람이 아니더라도 여래는 모두 그것을 증명하여 알고, 모두 섭수하여 본다. 그들 모든 신심자(信心者)는 비록 이름은 중생일지라도 그 정심(淨心)·신심(信心)으로 얻은 복덕은 수용(受用)에 끝이 없다. 그런데 어찌 한량이 있겠는가."

(10) 何以故是諸眾生無復我相(至)法尙應捨況非法。

【경문】10.
왜냐하면 이러한 모든 중생은 다시는 아상·인상·중생상·수자상이 없으며, 법상도 없고 또한 비법상도 없기 때문이다. 왜냐하면 이러한 모든 중생이 만약 마음에 상을 취하면 곧 아·인·중생·수자에 집착하는 것이 되며, 만약 (마음에) 법상을 취해도 곧 아·인·중생·수자에 집착하는 것이 되기 때문이다. 왜냐하면 만약 (마음에) 비법상만 취해도 곧 아·인·중생·수자에 집착하는 것이 되기 때문이다.
이런 까닭에 마땅히 법도 취하지 말고 비법도 취하지 말아야 한다. 이런 뜻으로 인하여 여래는 항상 그대 비구들에게 '내 설법은 뗏목의 비유와 같은 줄 알아야 한다. 정법마저 버려야 하거늘, 하물며 정법이 아닌 것이겠는가.'라고 설한다.

【註】第一何以故。言淨信福德在無相。第二何以故。言所以
無相之故。第三何以故。伺人云疑衍。此釋生信得福之故。該
乎生法二空。無四相。生空也。無法相無非法相。法空也。我
人衆生壽者。盡天地間之相。不出乎此。非法者無法也。淪於
頑空。取猶執也。心取相者。此中不化。未悟無相之理。而欲
執相以求。是有外障。故云即著四相。法相雖非色相之比。然
一有所取。亦不悟眞空體。而起內障。故亦云即著非法。原不
離相。況執之乎。著四相者。即非菩薩故。必無取無著。方合
眞空。所以不應取之。故如來常有如筏之喻也。

【주석】10.
　첫째의 '하이고(何以故)'는 정(淨)·신(信)의 복덕이 무
상(無相)에 있음을 말한 것이다.
　둘째의 '하이고'는 그것이 무상(無相)인 까닭을 말한 것
이다.
　셋째의 '하이고'는 어리석은 사람의 경우에 의심이 넘치
는 것을 말한 것이다.
　이것은 믿음을 일으키면 복을 얻는 까닭에 대하여 해석
한 것으로 생공과 법공의 이공(二空)에 해당하는 것이다.
　'무사상(無四相)'은 생공(生空)이다.
　'무법상(無法相)·무비법상(無非法相)'은 법공(法空)이
다.
　'아(我)·인(人)·중생(衆生)·수자(壽者)'는 모두 천지
간의 상(相)이 이것을 벗어난 것이 없다.

'비법(非法)'은 무법(無法)이다. 완공(頑空)에 빠지고 유집(猶執)에 집착하는 것이다.

'심취상(心取相)'은 여기에서는 교화할 수가 없는 것으로 미오(未悟)·무상(無相)의 이치이다.

그러면서도 상에 집착하여 추구하려는 것은 곧 외장(外障)이 있는 것이다. 그 때문에 곧 '사상에 집착한다[即著四相]'고 말한다.

'법상(法相)'은 비록 색상(色相)으로 비유할 수 없을지라도 일단 그것에 집착하게 되면 또한 진공체(眞空體)를 깨치지 못하여 내장(內障)을 일으키고 만다. 그 때문에 또한 '곧 비법에 집착한다[即著非法]'고 말한다. 원래부터 상을 벗어나려고 한 적도 없거늘 하물며 그것에 집착하겠는가.

사상에 집착하는 자는 곧 보살이 아니기 때문에 반드시 무취(無取)하고 무착(無著)해야만 바야흐로 진공에 합치된다. 그 때문에 그것에도 집착하지 말아야 한다. 그 때문에 여래에게는 항상 뗏목의 비유가 있는 줄을 알아야 한다.

【講】佛言是諸衆生。何故得如此之福德。彼一念生淨信。其實善根純熟。能合真空無相之理。無復有我人衆生壽者之四相。亦無有執著此經之章句。落於有見。而為法相。亦無有不思去探討其言。沉空守寂。落於無見。而為非法相也。不著有無兩邊。復其真空之性。諸相盡捐。心無染著。所以淨信此經。而福德無量。佛又反言之。此何以故也。假使是諸衆生。若心不空。取有形相。即為牽著我人衆生壽者之形迹矣。豈能使心性空明。隨機感應乎。此人之所易曉也。至於我說無法相者。以本空真體。不在言語文字之間。若取法相。就是與前執

著四相之心一般。至於非法則無相矣。我亦謂無非法相者。蓋
真性中。諸法顯現。無容一毫染著。原不相礙。若取非法相。
謂之無記空斷滅見。此心不化。與前著四相。又何異焉。是故
法與非法。兩頭見至須截斷。不能執為有而取法。亦不應執為
無而取非法。以此不應取之義。亦有原故。如來嘗謂。汝等學
道比丘。當知我說此法。皆因汝有四相。不能了悟真空。超登
彼岸。是以假此法。令汝度脫生死苦海耳。汝若既見本心。證
涅槃樂。即我所說之法。亦當不用。猶如編竹成筏。渡人過
水。到岸則不須筏矣。夫法尚當捨去。何況著無非法。又安用
執取為哉。

【강의】 10.
　부처님께서 말한다.
"이들 중생은 무슨 까닭에 이와 같은 복덕을 얻은 것인가.
그것은 일념에 정신심(淨信心)을 발생하였기 때문이다. 그
리고 사실은 선근이 순숙하여 진공무상의 이치에 합치되었
기 때문이다. 그래서 다시는 아·인·중생·수자의 사상
이 없고 또한 이 경문의 장구에도 집착이 없다.
　그러나 유견에 떨어져 법상이 되면 또한 (그것에 대하
여) 더 이상 생각하지 않을 수 없게 되는데 그 말을 깊이
탐구하거나 없애더라도 더욱더 공(空)에 빠지고 적(寂)만
고수한다.
　그리고 무견에 떨어져 비법상이 되면 유·무의 양변에
집착이 없고 진공의 자성으로 돌아가서 제상을 모두 버리
고 마음에 염착이 없다. 그 때문에 이 경전을 정신(淨信)
하는 복덕이 무량하다."

부처님은 또 그것에 대하여 반언(反言)한다.

"그것은 왜 그런가. 가령 그들 중생이 만약에 마음이 불공(不空)이라면 유형상(有形相)에 집착한 즉 아·인·중생·수자의 형적(形迹)에 끌려가는 것인데, 어찌 심성(心性)을 공명(空明)토록 하겠고, 근기를 따라 감응[隨機感應]하겠는가. 이러한 사람은 쉽게 깨칠 수가 있다. 내(여래)가 설한 것이 무법상에 이른 것은 본공의 진체가 언어와 문자와 같은 부류에는 없기 때문이다.

만약 법상에 집착하게 되면 그것은 앞의 경우와 마찬가지로 사상에 집착하는 마음과 동일해지고 비법 곧 무상(無相)에 이른다. 내(여래)가 또한 무비법상(無非法相)이라고 말한 것은 무릇 진성 가운데서는 제법이 현현해도 일호(一毫)도 염착됨을 수용하지 않는데, 원래 서로 장애하지 않기 때문이다.

만약 비법상에 집착하게 되면 그것을 무기공(無記空) 내지 단멸견(斷滅見)이라고 말한다. 그런 마음으로는 앞에서 집착한 사상과 마찬가지로 교화할 수가 없는데 또한 어찌 다르겠는가.

이런 까닭에 법과 비법의 두 가지 견해에 이르면 반드시 절단(截斷)해야지 결코 유(有)로 삼아서 취법(取法)에 집착해서는 안 되고, 또한 결코 무(無)로 삼아서 취비법(取非法)에 집착해서도 안 된다.

이것이 '불응취지(不應取之)'의 뜻이고 또한 근원이기 때문에 여래가 일찍이 '그들 도를 닦는 비구들이여, 반드시 내가 설한 것이 그런 법임을 알아야 한다.'고 말했다. 그러나 모두 그대들에게 사상이 있으므로 진공(眞空)을 요요

(了悟)하여 피안에 초등(超登)하지 못한다. 이로써 이 법에 의지하여 그대들로 하여금 생사고해를 건너 해탈하도록 하는 것이다. 그대들이 만약 이미 본심을 보고 열반락을 증득했다면 곧 내가 설한 법은 또한 반드시 쓸모가 없게 된다. 마치 대나무를 엮어서 만든 뗏목으로 사람을 건네주는 것과 같아서 물을 건너 피안에 도달한즉 뗏목을 필요가 없다. 대저 정법마저도 오히려 반드시 버려야 한다. 더군다나 모든 법[無非法]에 집착하겠는가. 그리고 어찌 집착[執取]을 부리겠는가."

○無得無說分第七
제7 무득무설분

(無上菩提之理。本來無相。當體空上。無物可得。無言可說
也)。

[무상(無上)보리의 이치는 본래 무상(無相)이다. 그래서
당체의 공에서 얻은 것도 없고 설한 것도 없다.]

(11)須菩提於意云何(至)皆以無為法而有差別[41]。

【경문】 11.
　수보리야, 어떻게 생각하느냐. 여래가 아뇩다라삼먁삼보
리를 얻었느냐. 여래가 설한 법이 있느냐.”
　수보리가 대답했다.
“제가 알기로는 부처님께서 설하신 뜻은 일정한 법이 없는
것을 아뇩다라삼먁삼보리라고 합니다. 또한 일정한 법이

---

41) '而有差別'에서 差의 음가는 '차' 이외에 '자'로도 읽힌다. 본 한글번
역에서는 두 가지에 모두 통하는 것으로 이해한다. 『金剛經註講』 卷
上, (卍新續藏25, p.710下) “一切賢聖皆以無為法而有差(音雌)別”; 『
金剛經石注』, (卍新續藏25, p.589下) “所以者何。一切賢聖。皆以無為
法而有差別。(差音雌)”; 『金剛經正解』 卷上, (卍新續藏25, p.611上)
“按。差別差字有二音。一初牙切音叉。一初宜切音雌。考古本註。原讀
作叉不同也。後有讀雌者參差也。就賢聖淺深說。當作參差。就有為無
為說。當作不同。然不同中具有參差義。則二音皆可通讀。不必拘也”；
『金剛經注解』, (卍新續藏25, p.738中) “所以者何。一切賢聖皆以無為
法而有差別(差音雌)”; 『金剛經易解』 卷上, (卍新續藏25, p.913下)
“所以者何。一切賢聖。皆以無為法而有差別。差音雌”; 『法華經授手』
卷3, (卍新續藏32, p.666上) “差(音雌)”; 『清涼山志』 卷1, (中國佛寺
史志彙刊79, p.3上) 참조.

없는 것을 여래께서 설하셨습니다. 왜냐하면 여래께서 설하신 법은 모두 취할 수도 없고 설할 수도 없는 것으로 법도 아니고 비법도 아닙니다. 왜냐하면 일체의 현성이 다 무위법으로써 차별을 삼기 때문입니다.”

【註】耶者疑辭。亦詰問辭也。菩提心是如來本性。亦人之所同具。豈自外而獨得有待言而顯哉。定者。泥於一處。而不通也。非法則不有。非非法則不無。非有非無。乃極至之理也。所以以字承上來。皆以以字用也。無爲法。即是無上菩提之別名。乃自然覺性。不假人爲者也。或云有爲法。世間法也。無爲法。出世間法也。要之皆以無爲法。而有差別。則有爲亦本于無爲。分箇有無。所謂差別也。世人多以無爲二字。認作灰心槁形。一無所爲。此眞愚見也。得道淺者爲賢。得道深者爲聖。指現成者。言差別不同也。又參差分別也(按。差別差字有二音。一初牙切音叉。一初宜切音雌。考古本註。原讀作叉不同也。後有讀雌者參差也。就賢聖淺深說。當作參差。就有爲無爲說。當作不同。然不同中具有參差義。則二音皆可通讀。不必拘也)。

【주석】 11.
   ‘야(耶)’는 의문사이고, 또한 따지는 말[詰問辭]이다. 보리심은 곧 여래의 본심이고 또한 사람들도 그것을 동일하게 갖추고 있다. 그런데 어찌 밖으로부터 홀로 얻어서 언설을 가지로 드러내는 것이겠는가.
   ‘정(定)’은 한 곳에 눌러붙은 것인데, 통하지 않는 것이다.

'비법(非法)'은 곧 불유(不有)이고, '비비법(非非法)'은 곧 불무(不無)이며, '비유비무(非有非無)'는 이에 극지(極至)의 이치이다.

'소이(所以)'의 이자(以字)는 위의 내용을 잇는 것이다. '개이(皆以)'의 이자(以字)는 그와 같은 용법이다.

'무위법(無為法)'은 즉 저 무상보리(無上菩提)의 별명이다. 이것은 자연각성(自然覺性)으로 남에게 의지하여 되는 것이 아니다.

또 '유위법(有為法)'을 세간법(世間法)이라고 말하듯이, '무위법(無為法)'은 출세간법(出世間法)이다.

요컨대 '개이무위법이유차별(皆以無為法而有差別)'인즉 유위도 또한 본래는 무위이다. 그러나 유와 무로 나눈 것이 소위 차별이다. 세간 사람들은 대부분 '무위'의 이자(二字)를 가지고 회심(灰心) 및 고형(槁形)이라고 하여 무소위(無所為)와 동일하다고 인식하는데, 그것은 진실로 우견(愚見)이다.

득도(得道)가 얕은 사람을 '현(賢)'이라 말하고, 득도가 깊은 사람을 '성(聖)'이라고 말한다. 현(現)과 성(成)으로 지칭하자면 차별로서 부동임을 말하는데, 또한 참차(參差)이고 분별(分別)이다. [살펴보면 다음과 같다. 차별(差別)의 차자(差字)에 두 가지 음이 있다. 첫째는 초아절음(初牙切音)으로 차[叉]이다. 둘째는 초의절음(初宜切音)으로 자[雌]이다. 고본의 주석을 살펴보면 원래 차(叉)라고 독음하는 것과도 같지 않다.[不同] 후에 자(雌)라고 독음하는 것과도 어긋난다.[參差] 현·성에 대하여 천·심으로 설하는 것에 나아가보면 반드시 참차(參差)라고 해야 하고, 유위·무위로 설하는 것에 나아가보면 반드시 부동(不同)이라고 해야 한다. 그러나 부동 가운데에 참차의 뜻이 갖추어져 있은즉 두 가지 독음으로 모두 통독(通讀)할 수가 있어서 굳이 거기에 구애될 필요가 없다.]

【講】前章既云不應取法。當如筏喩。猶恐須菩提。未透徹故。又設問曰。汝之意云何。如來無上菩提法。果有所求。而得之於已耶。抑以此法有所說。而教之人耶。須菩提云。如我心中悟佛所說之義。則知無上正等正覺之法。亦強名耳。求之了不可得。本無定有之法。實此名也。即如來所說。但為覺悟衆生。隨機設教。不得已而有言。亦無定有之法。如來可據而說也。如來之法。無定名亦無定說者。其故何也。盖如來所說者。無上菩提法也。可以心悟。而不可以相取。一有取心。則馳於外求。可以心傳。而不可以言授。一有言說。則泥於文辭。皆不可也。是法也。若執以為法微妙莫測。有而不有。法何所在。非法也。若執以為非法。隨感即應。無而不無。何在非法。又非非法也。而謂可以定名定說歟。所以然者何也。法本於無。惟無故妙也。此一切賢聖。雖先後遠近之不同。皆不能外無以為法。但所見有淺深。作用有隨機。而差別不同耳。

【강의】 11.
　위의 제6 정신희유분에서 이미 '결코 법에 집착하지 말라. 마땅히 뗏목의 비유와 같다.[不應取法當如筏喩]'이라고 말했지만, 다시 수보리가 투철하지 못할까 염려하여 다시 다음과 같이 묻는다.
"그대는 어떻게 생각하느냐. 여래가 무상보리법을 과연 추구하여 몸소 그것을 얻었겠느냐. 또한 그 법을 설하여 사람들을 교화했느냐."

수보리가 말했다.

"제 마음에 부처님께서 설법한 뜻을 이해하기로는 곧 무상정등정각법(無上正等正覺法)을 알았고 또한 억지로 (무상정등정각법이라고) 말했을 뿐입니다. 그래서 그것을 추구했지만 끝내 불가득입니다. 본래 정유지법(定有之法)이 없습니다. 실로 그것을 (무상정등정각법이라고) 말합니다. 곧 여래께서 설한 것은 무릇 중생의 각오를 위한 것으로서 수기설교(隨機設敎)로 부득이 언설이 있을 뿐이지 또한 정유지법(定有之法)은 없지만, 여래께서는 그것에 의거하여 설했습니다."

여래의 법에 대하여 '정해진 명칭도 없고 또한 정해진 설법도 없다'는 것은 무슨 까닭인가.

'무릇 여래가 설한 것'이란 무상보리법이다. 가히 심(心)으로 깨쳐야지 상(相)으로 취해서는 안 된다.

첫째, 取心이 있은즉 밖으로 추구하느라고 치달린다. 가히 심(心)으로써 전수할 수 있는 것이지, 언설로써는 전수할 수가 없다.

둘째, 언설(言說)이 있은즉 문사(文辭)에 구애된다.

(취심과 언설의) 모두 불가한 것이 바로 이 法이다. 만약 집착하는 것으로써 법을 삼은즉, 그것은 미묘하여 헤아릴 수가 없다. 유(有)이지만 불유(不有)여서 법(法)이 어디에 소재해도 그것은 비법(非法)이다.

만약 집착하는 것으로써 비법을 삼은즉 그것은 수감(隨感)하여 즉응(即應)한다. 무(無)이지만 불무(不無)여서 어디에 비법(非法)이 소재해도 또한 비법이 아니다.

그런데도 가히 정명(定名)이고 정설(定說)이라고 말할 수 있겠는가.

'소이연자(所以然者)'는 왜냐하면[何]이다. 법은 본래 무(無)이다. 생각해보면 무이기 때문에 묘(妙)이다. 그 일체 현성이 비록 선·후 및 원·근이 不同일지라도 모두가 무(無)를 벗어나서 법이 되는 것은 아니다. 다만 소견에 심·천은 있지만 작용함에 기(機)를 따르는 것에 그 차별이 부동일 뿐이다.

○依法出生分第八
제8 의법출생분

(法者。即此經之法。指般若波羅蜜多言。依者。不違之謂。
諸佛一切妙法。盡依此法出生也)。

[법(法)은 곧 이 경전의 법으로 반야바라밀다의 언설을 가
리킨다. 의(依)는 법에 어긋나지 않는 것을 말한다. 제불
의 일체묘법은 모두 이 법에 의거하여 출생한다.]

(12)須菩提於意云何(至)所謂佛法者即非佛法。

【경문】 12.
"수보리야, 어떻게 생각하느냐. 만약 어떤 사람이 삼천대천
세계를 칠보로 가득 채워 그것으로 보시한다면 이 사람이
얻은 복덕이 얼마나 많겠느냐."
　수보리가 대답하였다.
"대단히 많습니다. 세존이시여, 왜냐하면 그 복덕은 복덕의
성품이 아니기 때문에 여래께서는 복덕이 많다고 설하셨습
니다."
"만약에 또한 어떤 사람이 이 경전을 수지하거나 내지 그
가운데 사구게 하나라도 남을 위하여 설해준다면 그 복덕
이 (어떤 사람이 삼천대천세계를 칠보로 가득 채워 그것으
로 보시하여 얻은) 저 복덕보다 많을 것이다. 수보리야,
왜냐하면 일체제불과 제불의 아뇩다라삼먁삼보리법도 다
이 경전에서 나왔기 때문이다. 수보리야, 이른바 불법이라

는 것은 불법이 아니다.”

【註】三千大千世界者。世為遷流。界為方位界限。過去未來
現在為世。東西南北四維上下為界。三千大千。統言一大世
界。形容其多也。布施廣布捨施也。七寶者。金銀琉璃珊瑚瑪
瑙珍珠玻璃也。寧為猶可為乃計其多。而故問之辭。四句偈。
諸解不一。或指經中二偈。或指無我相四句。須知佛止說偈。
不專執一金剛經。乃大藏經之要。勸人受持四句偈。或顯實
相。或明妙法。又經中之要。執一廢餘。便失經意。此經自始
至終。總談真空無相妙理。人能體會此旨。一卷中精功成文
者。何處不有。偈者發言成句也。四句偈而曰乃至曰等者。自
多至少之意。不止四句為偈也。要活看乃至字等字。餘詳廣
錄。

【주석】12.
　‘삼천대천세계(三千大千世界)’에서 세(世)는 천류(遷流)
하는 것이고, 계(界)는 방위의 계(界)이며 한(限)이다. 과
거·미래·현재는 세이고, 동·서·남·북·사유·상·
하는 계이다. 삼천대천은 일대세계(一大世界)를 통틀어 말
한 것으로 그것이 많다는 것을 형용한 것이다.
　‘보시(布施)’는 광포(廣布)이고 사시(捨施)이다.
　‘칠보(七寶)’는 금·은·유리·산호·마노·진주·파
리이다.
　‘영(寧)’은 가히 이에 그 많음을 헤아릴 수 있겠는가 하
는 것이기 때문에 질문하는 말[辭]이다.
　‘사구게(四句偈)’는 여러 해석이 동일하지 않다. 혹 경전

속의 두 게송을 가리키기도 하고, 혹 무아상(無我相) 등의
사구를 가리키기도 한다. 반드시 알아야 한다. 부처님이
게송을 언급한 것에 그친 것42)은 오직 하나의 『금강경』만
잡은 것이 아니라 이에 대장경의 요체에 대하여 사람들에
게 사구게를 수(受) · 지(持)하라고 권유한 것으로, 혹 실
상을 드러내기도 하고, 혹 묘법을 해명하기도 한 것이다.
또한 경전 속의 요체에 대하여 하나만 잡고 나머지를 폐하
면 곧 경전의 의미를 상실하게 된다.

　이 경전은 처음부터 끝까지 모두 진공과 무상(無相)의
묘리에 대하여 말한 것인데, 사람들이 이러한 종지를 이해
하면 일권 속의 정공(精功)과 성문(成文)의 어디에도 유
(有)는 없다.

　'게(偈)'는 언설로 일으킨 성구(成句)이다.

　'사구게(四句偈)'에 이어서 말한 '내지(乃至)'는 등(等)
을 말한 것이다. 많은 것으로부터 적은 것에 이른다는 의
미로서, 사구로 된 게송에 그치지 않는다. 요컨대 잘 살펴
보면 '내지'라는 글자는 등(等)이라는 글자로서 그 밖의 상
세하고 널리 기록된 것을 가리킨다.

【講】須菩提。固知無相之理。但不知得無量之福。佛將以此
持經功德。開示學人。故先設言呼須菩提而告之。設有人充滿
三千大千世界之七寶。用以布施。此人所獲福德。多乎不乎。
須菩提會意答云。人以七寶布施。寶豐福勝。其福德甚多。誠
如世尊之言也。何以故。是福乃有相之施。於性中眞空無相之

---

42) '게송을 언급한 것에 그친 것'이란 '내지 수지 사구게'의 사구게를 가
　　리킨다.

理。全不相關。初非性中自然之福德也。所以如來說福德多
耳。蓋是假合故。見其多也。佛言若有人。於此經中之言。直
下承受而不忘。拳拳奉持而不厭。乃至由博而約。於四句偈
等。為人解說其義。則是自利利他。不特覺一己之性。並覺眾
人之性。將見人己兼成所獲之福。勝於彼之七寶布施多矣。然
所以勝彼者。此何以故也。蓋般若真空無相之理。是諸佛之本
性。一切諸佛之多。及諸佛無上菩提之法。皆自此經流出求其
直指全體。未有若此經之明且盡者。佛又恐人泥於佛法。又呼
須菩提。而曉之曰。所謂佛法者。本來無有。不過假此開悟眾
生。使之言下見性。乃名為佛法也。故曰即非佛法。隨掃以顯
般若真空耳。

【강의】12.

　수보리는 본디 무상(無相)의 이치를 알고 있지만 단지
무량한 복을 얻는 것에 대해서만 모르고 있다. 부처님께서
이 지경공덕을 가지고 제자[學人]들에게 개시(開示)한다.
그 때문에 먼저 시설한 말은 수보리를 불러서 그에게 고하
는 것이다.
"설령 어떤 사람이 삼천대천세계에 칠보를 가득 채워서 보
시에 활용하면 그 사람이 획득한 복덕은 많겠는가 아니겠
는가."
　그러자 수보리가 그 의미를 이해하고 답변한다.
"사람이 칠보로써 보시하면 보배가 풍부하고 복이 뛰어난
데, 그 복덕은 대단히 많습니다. 진실로 세존께서 말한 것
과 같습니다. 왜냐하면 그 복은 이에 有相의 보시로서 자
성 속의 진공·무상의 이치와 전혀 상관이 없어서 처음부

터 자성 속의 자연스러운 복덕이 아니기 때문입니다. 그래서 여래께서는 복덕이 많다고 설하신 것입니다. 무릇 그것은 가화합된 것이기 때문에 그것을 많다고 본 것입니다."

부처님께서 말하였다.

"만약 어떤 사람이 이 경전 속의 말을 곧장 이어받아 잊지 않고 부지런히 봉지(奉持)하여 게을리하지 않으며 내지 넓지만 간결하게 사구게 등으로 사람들에게 그 뜻을 해설해준다면 곧 그것이 자리이타이다. 특별히 자기의 자성을 깨칠 뿐만 아니라 또한 수많은 사람의 자성도 깨우쳐준 것이다. 장차 보자면 나와 남이 함께 성취하여 획득한 복은 저칠보로 보시한 것보다 뛰어나다."

(칠보로 보시한) 저것보다 뛰어난 까닭이 이 '하이고(何以故)'이다. 무릇 반야·진공·무상의 이치는 곧 제불의 본성으로 일체제불의 뛰어남[多] 및 제불의 무상보리법은 모두 이 경전에서 유출된 것이다. 그리고 그것이 직지하는 전체를 추구해보면 이 경전처럼 명백하고 또한 다한 것이 없다.

부처님께서는 다시 사람들이 불법에 얽매일 것을 염려하여 또 수보리를 불러서 그것을 일깨워준다.

"소위 불법이란 본래 없고 가(假)에 불과하지만, 이것을 개오한 중생으로 하여금 그것을 언하에 견성토록 해준다. 이에 불법이라고 말한다. 그 때문에 즉비불법(即非佛法)이라고 말한다."

탕소문(掃蕩門)을 따라서 반야문·진공문을 드러낸 것이다.

○一相無相分第九
제9 일상무상분

(一相者。謂修行四果。各有一相也。其實功有次第。而無為
則一。果。雖深淺不同。而總不可萌有得之心。當深造以悟入
無相。蓋須陀洹等。皆是假名。究竟本來。一相亦無)

[일상은 수행의 사과를 말한 것인데 각각 일상이 있다. 기
실 공(功)에는 차제가 있지만, 무위는 곧 동일과[一果]이
다. 비록 심·천은 같지 않지만, 전체적으로 유득심이 싹트
지 않는다. 반드시 깊이 나아감으로써 무상에 오입한다.
무릇 수다원 등은 모두 가명이다. 구경에는 본래로서 일상
이라는 것도 또한 없다.]

(13)須菩提於意云何(至)而名須菩提是樂阿蘭那行。

【경문】 13.
"수보리야, 어떻게 생각하느냐. 수다원이 '나는 수다원의
과를 얻었다'라고 생각하겠느냐."
　수보리가 대답했다.
"아닙니다. 세존이시여, 왜냐하면 수다원은 입류(入流)라고
말하지만 들어간 바가 없기 때문입니다. 색·성·향·미
·촉·법에 들지 않는 이것을 수다원이라 말합니다."
"수보리야, 어떻게 생각하느냐. 사다함이 '나는 사다함의
과를 얻었다'라고 생각하겠느냐."
　수보리가 대답했다.

"아닙니다. 세존이시여, 왜냐하면 사다함은 일왕래(一往來)라고 말하지만, 실로 왕래한 바가 없기 때문입니다. 이것을 사다함이라 말합니다."

"수보리야, 어떻게 생각하느냐. 아나함이 '나는 아나함의 과를 얻었다'라고 생각하겠느냐."

수보리가 대답했다.

"아닙니다. 세존이시여, 왜냐하면 아나함은 불래(不來)라고 말하지만, 실로 불래라는 것은 없기 때문입니다. 이것을 아나함이라 말합니다."

"수보리야, 어떻게 생각하느냐. 아라한이 '나는 아라한의 도를 얻었다'라고 생각하겠느냐."

수보리가 대답했다.

"아닙니다. 세존이시여, 왜냐하면 실로 법에 아라한이라 말할 수 있는 것은 없기 때문입니다. 세존이시여, 만약 아라한이 '나는 아라한의 도를 얻었다'고 생각한다면 아·인·중생·수자에 집착하는 것이 됩니다.

세존이시여, 부처님께서는 저를 '무쟁삼매를 얻은 사람 가운데 최고 제일이다. 이는 제일의 이욕아라한(離欲阿羅漢)이다.'라고 설하시더라도 저는 '나는 이욕아라한이다.'라는 생각을 하지 않습니다.

세존이시여, 제가 만약 '나는 아라한의 도를 얻었다'라고 생각한다면 세존께서는 곧 '수보리는 아란나수행을 누리는 자이다. 수보리는 실로 행한 바가 없기 때문에 이 수보리는 아란나수행을 누리는 자이다'라고 설하지 않으셨을 것입니다."

【註】梵語須陀洹。此云入流。入聖人流也。而無所入者。不
著入流之相也。我者指須陀洹等言。梵語斯陀含。此云一往
來。謂前念起妄。後念即止。前念有著。後念即離。妄念往來
於心中。往則妄念止時。而又或一來。本性未能寂滅故也。梵
語阿那含。此云不來。不來欲界。亦名出欲。外無欲境。內無
欲心。謂已斷欲界思惑也。梵語阿羅漢。此云離欲。其心已證
無為之體。諸漏已盡。自無生滅果。如樹之結果。謂到此地位
道者。得無相之理。非徒果也。又須陀洹果者。煩惱不生。決
定不入地獄異類。是名初果。如果之初生者也。斯陀含果者。
色身只一次往來天上人間。如果之方碩者也。阿那含果者。欲
習永盡。決定不來欲界受生。如果之將熟者也。阿羅漢心境俱
空。內外常寂。法實無有。豈作得道念。如果之已熟者也。梵
語三昧。此云正定。亦云正覺。樂受也。梵語阿蘭那。此云無
諍。萌於心曰念。見於事曰行。謂其無人我見。而不起諍行
也。實無所行者。本性空寂。隨緣赴感。而實無行之之心也。

【주석】 13.
　범어 '수다원(須陀洹)'은 번역하면 입류(入流)인데, 성인
의 부류에 들어가는 것이다.
　'이무소입(而無所入)'은 입류의 상(相)에 집착하지 않는
것이다.
　'아(我)'는 수다원 등을 가리키는 지칭한 말이다.
　범어 '사다함(斯陀含)'은 번역하면 일왕래(一往來)이다.
소위 전념은 망(妄)을 일으키는 것이고 후념은 곧 그치는
것이다. 전념은 집착이 있는 것이고, 후념은 (집착으로부
터) 벗어나는 것이다. 망념이 심중에 왕래하는데 왕은 곧

망념이 그치는 때이다.

그러나 또한 혹 '일래'는 본성이 적멸하지 못한 까닭이다.

범어 '아나함(阿那含)'은 번역하면 불래(不來)인데, 욕계에 오지 않는 것이다. 또한 출욕이라고도 말한다. 밖으로는 욕경(欲境)이 없고, 안으로는 욕심(欲心)이 없는 것을 이미 욕계의 사혹(思惑)을 단절한 것이라고 말한다.

범어 '아라한(阿羅漢)'은 번역하면 이욕(離欲)이다. 그 마음이 이미 무위의 체를 증득한 것이다. 제루(諸漏)가 이미 다하면 저절로 생멸의 과가 없는데 마치 나무에 과일이 열리는 것과 같다. 소위 이 지위에 도달한 수도자는 무상의 이치를 얻는데 헛된 과가 아니다.

또한 '수다원과(須陀洹果)'는 번뇌가 발생하지 않아 결정코 지옥의 이류에 들어가지 않는 것을 곧 초과라고 말하는데, 마치 과일이 처음 열리는 것과 같다.

'사다함과(斯陀含果)'는 색신으로는 단지 한 번만 천상이나 인간에 왕래하는 것인데, 마치 과일이 바야흐로 자라는 것과 같다.

'아나함과(阿那含果)'는 욕망의 습기가 영원히 다하여 결정코 욕계에 오지 않고 수생하는 것인데, 마치 과일이 점차 익어가는 것과 같다.

'아라한'은 심(心)과 경(境)이 모두 공(空)이고 내와 외가 항상 적(寂)이어서 법에 실로 유가 없는데 어찌 득도했다는 생각을 내겠는가. 이것은 마치 과일이 이미 푹 익은 것과 같다.

범어 '삼매(三昧)'는 번역하면 정정(正定)인데 또 정각

(正覺)·낙수(樂受)라고도 한다.

　범어 '아란나(阿蘭那)'는 번역하면 무쟁(無諍)이다. 심(心)이 싹트는[萌] 것을 염(念)이라 말하고, 수행[事]의 진척이 보이는[見] 것을 행(行)이라고 말한다. 소위 인견(人見)·아견(我見)이 없어서 쟁행(諍行)을 일으키지 않는 것이다.

　'실무소행(實無所行)'은 본성이 공적하여 연을 따라 감응에 나아가지만, 실로 감응에 나아간다는 생각도 없는 마음이다.

【講】佛問須菩提曰。須陀洹作箇念頭。自謂我必得此果不須。菩提知其不然。乃曰。須陀洹不萌得果之心何也。蓋彼已超乎凡見。心趨無相之理。得與聖人之流。而無所入。於聖域之想。惟克制其欲。不入六塵境界。須陀洹之所以得名者。其在是歟。佛又問曰。斯陀含作箇念頭。自謂我必得此果不。須菩提即不然之云。斯陀含心。已造到至靜之地。但目覩諸境。未能不動此心。還有一生一滅。而無第二生滅。前念方著。後念即覺。不久于人欲。雖往來于人間天上。名一往來。而實無往來也。是斯陀含之所由名歟。佛又問曰。阿那含作箇念頭。自謂我必得此果不。須菩提即不然之云。阿那含心空欲念。已斷塵界思惑。外不見有可欲之境。不來欲界受生。名為不來矣。夫曰不來。是此心尚未融化。猶有強制之勞。而其實無不來之迹。蓋不惟六根清浮。且見得六塵本空。此已造到佳境矣。非阿那含之謂乎。佛又問曰。阿羅漢作箇念頭。自謂我得這箇道不。須菩提知其不然。即不之曰。阿羅漢亦是假名。佛法本空。實無有法名阿羅漢也。設若阿羅漢。作得道之念。是

所得心猶未除。即著我人等四相矣。豈足稱阿羅漢哉。須菩提
又拈出平日所得佛說。而證之曰。世尊佛昔日曾說。我須菩
提。一念不生。諸法無諍。得此三昧。諸弟子中。許我為第
一。必定是我脫盡人。欲方許我為離欲阿羅漢。世尊雖許我為
離欲阿羅漢。我則不作是念。我是離欲阿羅漢。又恐大眾不知
去所得心故。呼世尊詳言曰。我若作此念。而必欲得阿羅漢
道。則又生一妄想。安得六欲頓空。世尊即不於大弟子中。說
我須菩提是好樂寂靜之人。有是無諍之行也。以須菩提外雖有
所行。而中實無有所行之心。方纔名我須菩提為樂阿蘭那行
也。

【강의】13.
　부처님께서 수보리에게 말했다.
"수다원이 마음속으로 스스로 '나는 반드시 이 수다원과를
얻었다.'고 말하겠는가."
수보리가 그렇지 않음을 알고 이에 말했다.
"수다원은 득과했다는 마음이 싹도 트지 않습니다. 왜냐하
면 무릇 이미 범견을 초월하여 마음이 무상의 이치에 나아
가서 성인과 동일한 부류를 얻었지만 성역(聖域)에 들어갔
다는 생각이 없기 때문입니다. 생각해보면 그 욕망을 제어
하여 육진의 경계에 들어가지 않았는데 수다원이 (수다원
이라는) 명칭을 얻은 것은 바로 거기에 있습니다."
　부처님께서 다시 물었다.
"사다함이 마음속으로 스스로 '나는 반드시 이 사다함과를
얻었다.'고 말하겠는가."
　수보리가 그렇지 않음을 알고 이에 말했다.

"사다함은 마음속으로 이미 지극히 고요한 경지에 나아갔습니다. 다만 제경계를 목도하면 아직 그 마음이 부동할 수 없어서 다시 일생(一生)·일멸(一滅)하지만 제이의 생·멸은 없습니다. 전념에는 바야흐로 집착해도 후념에 곧 깨쳐서 머지않아 욕계에 들어갑니다. 비록 인간이나 천상에 왕래하여 일왕래라고 말할지라도 실로 왕래가 없는데 사다함이 (사다함이라는) 명칭을 얻은 것은 바로 거기에 있습니다."

부처님께서 다시 물었다.

"아나함이 마음속으로 스스로 '나는 반드시 이 아나함과를 얻었다.'고 말하겠는가."

수보리가 그렇지 않음을 알고 이에 말했다.

"아나함은 마음에 욕념(欲念)이 공하여 이미 진계(塵界)의 사혹(思惑)43)을 단절하였습니다. 그래서 밖으로는 가욕(可

---

43) 三道란 見道·修道·無學道를 가리킨다. 견도에서 見惑을 단제하고, 수도에서 思惑을 단제하며, 무학도에서 무명혹을 단제한다. ①見道는 見諦道라고도 한다. 無漏智를 발생시키는 四諦를 관찰하는 계위이다. 이 이상을 聖者라 한다. 소승에서는 預流向, 대승에서는 初地, 유식에서는 通達位를 가리킨다. ②修道는 見道 이후에 구체적으로 事象에 대하여 반복하여 修習하는 계위이다. 소승에서는 一來向으로부터 阿羅漢向에 이르기까지 삼계의 修惑을 단제하는 계위이고, 대승에서는 초지부터 제십지까지 걸쳐 俱生起의 煩惱障과 所知障을 단제하는 계위이다. 修惑은 修道所斷惑이라고도 하고, 修所斷惑이라고도 하며, 思惑이라고도 한다. 事(現象·事相)에 대하여 미혹한 번뇌로서 貪·瞋·癡·慢의 四惑을 體로 삼는다. 소승에서는 욕계에서 四惑, 색계와 무색계에서 각각 瞋을 제외한 貪.癡.慢의 六惑 모두 10혹을 가리킨다. 대승의 유식에서는 욕계에 貪·瞋·癡·慢·身見·邊見의 6혹, 색계와 무색계에 각각 진을 제외한 탐·치·만·신견·변견의 5혹이 있어 모두 16혹을 말한다. 또한 俱生起의 번뇌장과 소지장을 修惑이라고도 한다. 따라서 유식에서는 견혹의 112와 수혹의 16을 합하여 128로 삼아 128근본번뇌라고 한다. ③無學道는 阿羅漢果·無學果·無學位·佛果라고도 한다. 證理斷惑의 경지로서 열반에 해당하므로 道라 한다. 惑道(煩惱道)·業道·苦道를

欲)의 경계가 있다고 보지 않아 욕계에 생을 받으러 오지 않으므로 불래(不來)라고 말합니다. 대저 불래란 곧 이 마음을 일찍이 융화하지 못하여 강제하는 노력이 있지만 기실 불래의 흔적이 없습니다. 무릇 육근이 청정할 뿐만 아니라 또한 육진이 본공임을 보고 이미 가경(佳境)에 나아가 도달하였는데, 그것을 아나함이라고 부르지 않을 수 있겠습니까."

부처님께서 다시 물었다.

"아라한이 마음속으로 스스로 '나는 저 깨침을 얻었다.'고 말하겠는가."

수보리가 그렇지 않음을 알고, 곧 그렇지 않은 것에 대하여 말했다.

"아라한도 또한 가명입니다. 불법은 본래 공입니다. 실로 아라한이라고 명칭할 법이 없습니다. 설령 어떤 아라한이 득도했다는 생각을 짓는다면 그것은 곧 소득심이 아직 단제되지 않은 것입니다. 그래서 아상·인상 등 사상에 집착한 것입니다. 그러면 어찌 아라한이라고 칭명할 수 있겠습니까."

수보리가 다시 평일에 얻은 불설(佛說)을 염출하여 그것을 증거로 삼아 말했다.

"세존께서 옛적에 저 수보리에 대하여 일찍이 말했습니다. '일념불생이고 제법무쟁하여 이 삼매를 얻었다. 모든 제자 가운데서 저를 제일로서 이라고 인정하였는데, 그것은 필히 제가 모든 사람을 제도한다는 것이었습니다. 욕계에서 바야흐로 저를 이욕아라한이라고 인정하였습니다. 세존께

윤회의 삼도라 한다.

서 비록 저를 이욕아라한이라고 인정했을지라도 저는 곧 그렇게 '나는 이욕아라한이다'고 생각하지 않습니다. 또한 대중이 소득심의 제거를 알지 못할까 염려한 까닭입니다."

(수보리는) '세존이시여.'라고 부르고나서 상세하게 말씀 드렸다.

"제가 만약 반드시 아라한도를 얻고자 한다는 그런 생각을 지었다면 곧 다시 하나의 망상이 발생하는 것인데, 어찌 육욕계(六欲界)가 돈공(頓空)임을 얻어 세존이 곧 십대제 자 가운데 저 수보리야말로 곧 적정을 즐기는 사람[好樂寂 靜之人]으로서 곧 무쟁행을 지녔다고는 설하지 않았을 것 입니다. 저 수보리가 비록 밖으로는 (아란나행을 얻었다 는) 소행이 있었을지라도 속으로는 실로 (아란나행을 얻었 다는) 소행의 마음이 없었기에, 바야흐로 저 수보리를 아 란나행을 즐기는 수행자[樂阿蘭那行]라고 말했습니다."

○莊嚴淨土分第十
제10 장엄정토분

(分爲三節。莊嚴者。盛飾也。淨土者。清淨世界。即佛國土
也。此在境上說心地清淨。成就莊嚴。心地不清。去佛土還。
諸菩薩於自性中。湛然清淨。心無係累。自有莊嚴境界。此在
心上說佛土由心建立故。菩薩事心下事土。成就莊嚴。心而土
自無不淨。兼此三義方全)。

[이 장엄정토분은 세 대목으로 나뉜다. (하나는) 장엄은
화려하게 꾸미는[盛飾] 것이고, 정토는 청정한 세계 곧 불
국토이다. 이것을 경계에 두고 설하자면 심지가 청정해야
장엄이 성취되고 심지가 청정하지 않으면 부처가 없는 국
토로 돌아간다. (둘은) 제보살의 경우에 자성이 담연청정
하고 마음에 번뇌[係累]가 없으면 저절로 장엄경계가 된
다. 이것을 심(心)에 두고 설하는 것은 불국토가 마음을
말미암아 건립되기 때문이다. (셋은) 보살의 사업은 이 심
(心)에 따른 사토(事土)로 성취된 장엄이다. 심(心)의 토
(土)이기 때문에 처음부터 청정하지 않음이 없다. 이 셋
(莊嚴·淨土·菩薩事)이 아울러야 뜻이 바야흐로 온전해
진다.]

(14)佛告須菩提於意云何(至)於法實無所得。

【경문】14.
　부처님께서 수보리에게 말씀하셨다.

"어떻게 생각하느냐. 여래는 옛적에 연등불 처소에 있으면서 얻은 법이 있겠느냐."

"아닙니다. 세존이시여, 여래께서는 연등불 처소에서 실로 얻은 법이 없습니다."

【註】如來。佛自謂。昔前也。然燈佛。即定光佛。其佛生時。身光如燈。故名然燈。乃釋迦佛授記之師。有所得。謂有所得之法也。

【주석】 14.

‘여래’는 부처님이 자신을 일컫는 말이다.

‘석(昔)’은 전세이다.

‘연등불’은 곧 정광불이다. 정광불이 탄생했을 때 몸에서 나는 광명이 등불과 같았기 때문에 연등(然燈)이라고 말했다. 이에 석가불에게 수기한 스승이다.

‘유소득(有所得)’은 소위 유소득의 법이다.

【講】佛以諸菩薩。雖聞四果俱無所得之言。而有得心未除。猶疑佛法非無。執於有法可住。故告須菩提曰。於汝意中云何。我當初於然燈佛處。聞法聽受。成無上道果。然有得於本師之法不。須菩提答曰。不也世尊。如來雖在本師處聽法。不過自悟自修。因師開導。成就無上菩提。其實何曾有法。可得以為秘授師傳也。

【강의】 14.

부처님께서는 제보살의 경우에 비록 사과는 모두 무소득

이라는 말을 들었지만 유득심을 단제하지 못하여 마치 불
법이 없지 않은 줄 의심하여 유법에 집착하여 주한다고 의
심하는 까닭에 수보리에게 고하여 말했다.

"그대의 생각은 어떠한가. 나(여래)도 처음 연등불 처소에
서 문법(聞法)하고 청수(聽受)하여 무상도과(無上道果)를
성취하였다. 그런데 본사(연등불)의 법을 얻은 것이 있겠
는가."

수보리가 답하여 말했다.

"아닙니다, 세존이시여. 여래께서 본사(연등불)의 처소에서
청법했지만, 자오(自悟)하고 자수(自修)하여 본사의 개도
(開導)를 인하여 무상보리를 성취한 것에 불과했는데, 기
실 어찌 일찍이 얻을만한 법이 있어서 비밀스럽게 수기한
본사의 전언[秘授師傳]을 삼겠습니까."

(15)須菩提於意云何(至)應無所住而生其心。

【경문】 15.

"수보리야, 어떻게 생각하느냐. 보살이 불토를 장엄했느
냐."

"아닙니다. 세존이시여, 왜냐하면 불토를 장엄한다는 것은
곧 장엄한 것이 아니기 때문입니다. 이것을 바로 장엄한다
고 말하는 것입니다."

"그러므로 수보리야, 모든 보살마하살은 마땅히 이와 같이
청정심을 내며, 마땅히 색에 주(住)하여 마음을 내어서는
안 되고, 마땅히 성·향·미·촉·법에 주하여 마음을
내어서도 안 된다. 마땅히 주함이 없이 그 마음을 내어야

한다.

【註】莊嚴以境言。莊。端正裝飾也。嚴。齊整謹飾也。以心
言。真性不亂曰莊。邪妄不入曰嚴。佛土。以境言。謂佛世
界。以心言。指本來心地。謂之佛土者。佛心不失本來。能全
心地。猶之儒家言道。歸之聖人耳。五行土居中央。出生萬
物。心居中道。出生萬法。故以土喻心。又一世界中。必有一
佛設化故。世界亦云佛土。即非者遣掃之詞。是名者權立之
義。或曰。即非無二解。是名有兩義。一曰。虛有是名耳。一
曰。乃所以名也。宜隨文會之。(剩閒曰。即非是名。義相呼
應。經中用此文法甚多。皆是遣掃權立義用。即非者。從虛
有。是名單用。是名者。從來所以名金經。以破相顯真為宗。
遣掃權立是為正義。解經者。有以即非。為指實相。如即非身
相。謂非身相乃真相也。是從即字逗斷。將非字連下。作轉指
義。是名作乃。所以名解經中。作是解者亦甚多。是即非亦有
二義也。細體經文。是遣掃為當。蓋即非是破相。破相正以顯
真。妙在不明言。先德云。使人自領會。方親切耳。解為轉指
者。用意太深。說似微妙。反揜經義。蓋指明道破。如同嚼
蠟。下文重重徵詰。皆不必矣。須知相即無相。直至一合理相
分。方明從前皆是遣掃。未曾點破也)。諸菩薩指修行者言。
摩訶薩廣大之稱。應當也。如是二字。指下文所言。無所住
者。不住著在一處。執滯不化也。

【주석】15.
　'장엄'은 경계이다. 말하자면 '장(莊)'은 단정하게 장식
(裝飾)한 것이고, '엄(嚴)'은 가지런하게 근식(謹飾)44)한

것이며, 심(心)으로써 말하자면 진성(真性)이 어지럽지 않
은 것을 장(莊)이라 말하고, 사망(邪妄)에 들어가지 않는
것을 엄(嚴)이라고 말한다. 불토는 경계로써 말한 것인데
소위 불세계이고, 심(心)으로써 말하자면 본래의 심지를
가리킨다. 그것을 소위 불국토라고 말한 것은 불심이란 본
래를 상실하지 않은 것으로 능전의 심지이다. 마치 그것을
유가에서는 도(道)라고 말하는데 도에 돌아가면 성인이다.

　오행 가운데 토(土)는 중앙에 거(居)하면서 만물을 출생
하고, 심(心)은 중도에 거(居)하면서 만법을 출생한다. 그
때문에 토(土)로써 심(心)을 비유한 것이다. 또한 일세계
(一世界)45) 가운데는 반드시 어떤 일불이 교화를 시설하

---

44) 謹飾(근식)은 삼가 조심하는 모습으로 謹飭(근칙) 및 謹愼(근신)과
　　같은 의미이다.
45) 一世界의 범위는 사천하를 비롯하여 욕계천 및 색계천의 초선천까
　　지를 가리킨다. 불교의 우주관을 보면, 허공 가운데 風輪, 水輪, 金輪
　　이 있다. 금륜과 수륜의 경계 곧 금륜의 밑바닥인 金輪際가 인간이 깃
　　들어 살고 있는 세계이다. 금륜의 주위에 있는 것이 鐵圍山인데 그 가
　　운데 있는 물을 막고 있다. 금륜의 바다 중앙에 須彌山이 솟아있고 그
　　것을 둘러싸고 동심원의 모습으로 方形을 이루고 7개의 산맥이 있다.
　　바깥으로 갈수록 높이가 낮아진다. 그 밖에는 네 방위로 네 개의 대륙
　　이 있다. 동쪽 勝身洲(Pūrvavideha)는 半月形이고, 남쪽의 贍部洲
　　(Jambudvīpa)는 逆三角形이며, 서쪽의 牛貨洲(Aparagodānīya)는 圓
　　形이고, 북쪽의 俱盧洲(ttaraguru)는 方形이다. 섬부주는 우리가 살고
　　있는 곳으로 지상에는 인간 및 축생이 살고, 지하에는 아귀와 지옥계
　　가 있다. 그 모습은 역삼각형으로 현실의 인도대륙을 반영하고 있다.
　　중앙에는 동서방향으로 雪山(Himālaya)이 치달리고, 그 북쪽에는 無
　　熱惱池 곧 阿耨達池가 있어서 그로부터 갠지스강 및 인더스강을 포함
　　하여 사방으로 四河가 유출된다. 수미산 중턱에 사방으로 사천왕이 머
　　물고, 그 上空에 日月星宿가 巡還한다. 수미산의 정상에는 33천이 있
　　는데, 가운데가 帝釋天(Indra)이다. 사왕천과 33천(忉利天)은 地居天
　　이고, 그 위로 펼쳐진다. 삼계는 욕계(kāmadhātu), 색계(rupadhātu),
　　무색계(arupadhātu)로서 일체중생의 정신적인 높이에 따라 3개의 영
　　역으로 나눈 것이다. 욕계는 욕망의 세계로 33천 이하 지옥까지가 해

는[一佛設化] 까닭에 세계도 또한 불토라고 말한다.

　'즉비(卽非)'는 일단부정[遣掃]의 말[詞]이고, '시명(是名)'은 임시건립[權立]의 뜻[義]이다. 혹 '즉비'는 분별이 없는 견해[無二解]이고 '시명'은 둘을 포함한 뜻[有兩義]이라고도 말한다. 일례를 들면 '허(虛)와 유(有)는 곧 명(名)이다.'고 말하고, 일례를 들면 '이런 까닭에 명(名)이다.'고 말한다. 그러므로 반드시 문맥에 따라서 그것을 이해해야 한다.

[잉한거사 공기채가 말한다.

'즉비'와 '시명'은 뜻이 서로 호응한다. 경문에서 이와 같은 문법(文法)으로 사용한 경우는 대단히 많은데, 모두가 곧 일단부정[遣掃] 및 임시건립[權立]의 뜻으로 사용되고 있다.

즉비를 허구[虛有]로만 보면 그것을 단용(單用)이라고 말하고, 시명은 종래에 『금강경』이라고 말하여 상을 부정[破

당한다. 색계는 욕망은 벗어났지만 형체를 지니고 있다. 불교에서는 선정의 깊이를 단계적으로 四禪에 상응시키고 있다. 그 최상위에 色究竟天(Akaniṣṭha)이 있는데, 눈에 보이는 존재 곧 有의 頂点이기 때문에 有頂天이라고도 한다. 무색계는 더욱더 心이 깊어지는 4개의 정신적인 영역으로 눈에 보이는 것이 없다. 四禪 및 기타 불교에서 발전한 선정의 모든 단계에 도달한 天人이 배대되어 있다. 이들 삼계는 모두 윤회세계에 속한다. 그리고 수미산을 포함하여 색계의 초선까지의 세계를 一世界 또는 一小世界라고도 하는데, 그것이 천 개가 모이면 小千世界를 형성하고, 小千世界가 천 개가 모이면 中千世界를 형성하며, 중천세계가 천 개가 모이면 大千世界를 형성한다. 이런 까닭에 여기 三千大千世界에서 '三千'은 소천과 중천과 대천의 세 경우의 千이라는 의미이지, 숫자 3,000을 가리키는 의미가 아니다. 이에 삼천대천세계는 소천세계와 중천세계와 대천세계가 포함된 대천세계라는 의미이므로, 대천세계가 삼천 개 있다는 것을 가리키는 말이 아니다. 이 삼천대천세계가 바로 한 명의 부처님이 교화하는 범위에 해당한다. 그런데 이러한 관념은 소위 소승불교의 세계관에 속한다.

相]하여 진상을 드러냄[顯真]을 종지로 삼은 것인데, 일단 부정[遣掃] 및 임시건립[權立]이라고 보는 것이 올바른 뜻 [正義]이다. 경전을 해석하는 사람은 어떤 경우에는 즉비를 가지고 실상을 가리킨 것으로 삼는다. 저 '즉비신상(即非身相)'의 경우에 비신상(非身相)이 이에 진상(真相)임을 말한 것과 같다. 이것은 즉자(即字)에 나아가서는 임시설정[逗斷]하고 비자(非字)를 가지고 이하에 연결한 것인데, 이것을 내(乃)라고 말한다. 그 때문에 경전을 해석하는 가운데 이와 같이 이해하는 사람이 또한 대단히 많다고 말한 것이다. 이 '즉비(即非)'에는 또한 두 가지 뜻이 있다. 경문을 자세하게 체득하는 것은 곧 일단부정[遣掃]에 해당한다. 무릇 즉비는 곧 파상이다. 파상은 바로 정(正)으로써 진(真)을 드러내는데 그 묘(妙)는 언설로 설명되지 않는 곳에 있다. 선덕은 말한다. "사람들로 하여금 스스로 이해 [領會]하도록 해야만 바야흐로 친절이다. 알려주고 또 지시해준 사람은 마음씀씀이[用意]가 지나치게 깊다. 그것은 설사 미묘할지라도 도리어 경전의 뜻을 덮어버린 꼴이다. 무릇 지시와 해명으로 말해주는 것[指明道破]은 마치 밀초를 씹는[嚼蠟]46) 것과 같다. 이하 경문에서 거듭하여 묻고 따지는 것은 모두 불필요한 일이다."

그러므로 상(相)은 곧 무상(無相)으로서 곧장 제30 일합이상분(一合理相分)에 이르기까지 바야흐로 그 종전(從前)은 모두 곧 일단부정[遣掃]임을 설명한 것으로 일찍이 간파[點破]한 적이 없다는 것을 반드시 알아야 한다.]

---

46) 嚼蠟은 밀초를 씹는다는 말로, 無味한 것을 의미한다. 꿀과 비교하여 밀초는 아무런 맛도 없기 때문에 이런 의미가 되었다.

'제보살'은 수행자를 가리킨 말이다.

'마하살'은 광대한 것을 지칭한 것인 줄 반드시 알아야 한다.

'여시'의 두 글자는 이하 경문에서 말한 것을 가리킨다.

'무소주'는 한곳에 머물러 주착하지 않는 것이다. 집착하여 머물러 있으면[執滯] 교화할 수가 없다.

【講】佛問須菩提曰。法既無得。於汝意中。畢竟云何。我思菩薩所住之處。謂之佛土。菩薩於佛土。果有意作善緣福業。必期相好莊嚴不耶。須菩提深解佛旨。據理以答曰。如謂菩薩莊嚴佛土者。其說不然也。世尊。此何以故。蓋菩薩莊嚴佛土。不在外貌形迹間也。若以七寶宮殿五采棟宇之類。始為莊嚴佛土。幻成莊嚴不實。即非莊嚴。是虛名為莊嚴耳。菩薩豈著意莊嚴佛土哉。佛以須菩提。能領佛旨。隨順其詞而語之。是故須菩提。菩薩莊嚴。既不在於外飾。則當內求於心。夫心本清淨也。知誘物化。而心不清淨矣。乃既知佛法無所得。又知莊嚴非莊嚴。此無取無著清淨心也。諸學道菩薩。當如是湛然常虛而不染。寂然常定而不淆。以生清淨心。不當住在形色上生心。亦不當住在聲香味觸法上生心。一有所住。便為六塵所縛。妄念旋起。不能清淨矣。須知清淨心。妙圓周徧。不泥方所。本無所住也。當於無所住處。而生其心。如明鏡當前。物來悉照。物去即空。自然心地清淨。不拘方所。斯真莊嚴也。若佛土世界莊嚴。皆是假果假說幻相耳。何足計哉。

【강의】 15.

부처님께서 수보리에게 말했다.

"법으로서는 이미 얻은 것이 없다. 그대의 생각은 필경에 어떠한가. 내 생각으로는 보살이 머무는 처소를 불토라고 말한다. 보살이 불토에서 과연 좋은 인연으로 복업을 지었다고 생각한다면 그것은 반드시 상호로 장엄된 것이 아니겠는가."

수보리는 깊이 부처님의 마음을 이해하고 그 이치에 의거하여 답했다.

"말씀하셨듯이 보살의 장엄불토라는 그 설은 그렇지 않습니다. 세존이시여. 왜냐하면 무릇 보살의 장엄불토는 외모의 형적에 있지 않기 때문입니다. 만약 칠보의 궁전(宮殿)과 오채색의 가옥[棟宇]과 같은 부류를 근원으로 장엄불토를 삼는다면 곧 장엄이 아니라[即非莊嚴] 그것은 허명(虛名)의 장엄일 뿐입니다. 보살이 어찌 장엄불토에 집착하는 생각을 하겠습니까."

부처님께서 수보리에게 부처님의 마음을 이해시켜서 그 말에 수순(隨順)하여 그것을 말해주었다.

"이런 까닭에 수보리야, 보살의 장엄이 이미 외식(外飾)에 있지 않은즉 반드시 안으로 마음에서 추구해야 하는데, 대저 마음은 본래 청정하기 때문이다. 그러나 그릇된 지(知)에 유혹되고 사물에 동화되는 것은 마음이 청정하지 못한 것이다. 이에 이미 불법에는 소득이 없는 줄을 알 것이다. 또한 장엄이 장엄이 아닌 줄 아는 그것은 취함이 없고[無取] 집착이 없는[無著] 청정심이다. 모든 학도보살(學道菩薩)은 반드시 이와 같이 담연(湛然)하고 항상 텅 비워[常虛] 물들지 않고, 적연(寂然)하고 상정(常定)하여 흐려지지 않음으로써 청정심을 일으켜야 한다. 결코 형색(形色)

- 103 -

에 주재(住在)하여 마음을 일으켜서는 안 되고, 또한 결코 성(聲)·향(香)·미(味)·촉(觸)·법(法)에 주재하여 마음을 일으켜서도 안 된다. 일단 소주(所住)가 있으면 곧 육진에 얽매이고 망념이 자꾸 일어나서 청정할 수가 없게 된다. 반드시 알아야 한다. 청정심은 묘원(妙圓)하게 주편(周徧)하고 방소(方所)에 흐려지지 않아서 본래 무소주(無所住)이다. 반드시 무소주처에서 기심(其心)을 일으켜야 한다. 마치 명경 앞에 선 것처럼 사물이 오면 그대로 비추고 사물이 가면 곧 빈 것과 같다. 자연히 심지가 청정하여 방소에 구애되지 않는 그것이 진정한 장엄이다. 만약 불토세계를 장엄한다면 그것은 모두 가과(假果)이고 가설(假說)로서 환상(幻相)일 뿐이다. 그런데 어찌 계탁할 수 있겠는가."

(16) 須菩提譬如有人(至)佛說非身是名大身。

【경문】 16.
　수보리야, 비유하자면 어떤 사람의 몸이 수미산왕 같다고 하자. 어떻게 생각하느냐. 그 몸을 크다고 하겠느냐."
　수보리가 대답하였다.
"대단히 큽니다. 세존이시여, 왜냐하면 부처님께서는 몸이 아니라고 설하시는데 그것을 곧 큰 몸이라 말합니다."

【註】 須彌山王者。以此山在四天下之中。為山之極大者。故名山王。謂在眾山之中。而為王者也。高廣三百三十六萬里日月遶山而行。以為晝夜由此而分。四面為四天下。其上有三十

三天。可謂至大矣。以此喻人身之大。不過假說其詞。如七寶
滿三千大千之類。

【주석】16.
　'수미산왕'이란 이 수미산은 사천하의 중앙에 있는데 산 가운데 지극히 크기 때문에 산왕이라고 말한다. 모든 산의 중앙에 있으므로 왕이 된다. 높이와 너비가 삼백삼십육만 리인데, 해와 달이 산을 둘러 운행함으로써 낮과 밤이 그로 말미암아 나뉜다. 사면은 사천하가 되고, 그 위에 삼십삼천이 있어서 가히 지대(至大)하다. 이것으로써 사람의 몸이 큰 것을 비유한 것은 가설(假說)에 불과한데 그 말은 마치 칠보를 삼천대천세계에 가득 채운다는 부류와 같다.

【講】佛呼須菩提語之曰。譬如有人焉。其身如須彌山王。汝意中云何。可以為大不耶。須菩提深悟佛旨。答言。身如須彌山王誠大矣。然此大身。何以有是大也。若以色相身言。寧有是大。佛所說者。非色相之身。是乃名為大身也。

【강의】16.
　부처님께서 수보리를 불러 그에게 말했다.
"비유하면 어떤 사람은 그 몸이 수미산왕과 같다. 그대는 어떻게 생각하는가. 가히 크다고 하겠는가."
　수보리가 부처님의 뜻을 깊이 깨치고 답하였다.
"몸이 수미산왕과 같다면 진실로 클 것입니다. 그런데 그 대신(大身)이 어째서 크냐 하면 만약 색상신(色相身)으로 말한 것을 어찌 크다고 하겠습니까. 부처님이 말씀하신 것은 색상신이 아닌데, 그것을 이에 대신이라고 말한 것입니다.”

○無為福勝分第十一
제11 무위복승분

(無為法也。福勝言修。無為之法。其福勝於河沙世界之七寶
布施也。蓋持經功德。人己俱利。不假施為。此無為之福。比
他有相布施之福。為尤勝矣)。

[무위는 법(法)이고, 복승은 수(修)를 말한 것이다. 무위
법은 그 복이 하사세계(河沙世界)의 칠보보시(七寶布施)보
다 뛰어나다. 무릇 지경공덕은 나와 남에게 모두 이익을
주는데, (재물의) 보시에 의거한 것이 아니다. 이 무위복
은 저 유상보시(有相布施)의 복과 비교하여 더욱 뛰어나
다.]

(17)須菩提如恒河中所有沙數(至)而此福德勝前福德。

【경문】 17.
"수보리야, 저 항하 속의 모래알 숫자만큼의 항하가 있다
면 어떻게 생각하느냐. 이 모든 항하에 있는 모래알의 숫
자는 얼마나 많겠느냐."
　수보리가 대답하였다.
"대단히 많습니다. 세존이시여, 단지 모든 항하만 하더라도
무척 많은데, 하물며 그 모래알 수이겠습니까."
"수보리야, 나는 지금 진실한 말로 그대에게 말하는 것이
다. 만약 어떤 선남자 선여인이 칠보를 가지고 그 모든 항
하의 모래알 숫자만큼의 삼천대천세계를 채워서 그것으로

보시한다면 얻은 복덕이 많겠느냐."

수보리가 대답하였다.

"대단히 많습니다. 세존이시여."

부처님께서 수보리에게 말씀하셨다.

"만약 선남자 선여인이 이 경전 속에서 내지 사구게 등을 수지하여 남을 위하여 연설해 준다면 이 복덕은 앞의 그 복덕보다 뛰어나다.

【註】 西土有河。名曰恒河。從阿耨池東流出。周迴四十里。佛多在此說法。故取以為喻。弟子所習見。使易曉耳。沙等恒河。倒裝文法。謂恒河如沙之多也

【주석】 17.

서토(西土 : 인도)에 하(河)가 있는데, 명칭이 '항하'이다. 아뇩지(阿耨池)로부터 유출하여 두루 사십 리를 돌아 흐른다. 부처님에게는 이 항하의 설법이 대단히 많기 때문에 그것을 취하여 비유로 삼았다. 제자들의 경우 일상에서 익혀온 견해이므로 쉽게 이해할 수가 있다.

'사등항하(沙等恒河)'는 도장(倒裝)47)의 문법(文法)으로서 소위 항하가 모래만큼 많다는 것이다.

【講】 佛以眾人所易見者。先設問。須菩提。世間物數。莫不有多寡。如恒河中所有沙數。其數難量。設使恒河之數如沙等。于汝之意所云如何。是諸恒河中之沙數。寧為多不。須菩

---

47) 倒裝은 도치의 방식으로 활용하는 수사법의 기교를 말한다. 거꾸로 꾸며주는 수사법이다. 여기에서 沙等恒河는 이 글대로라면 모래 수만큼의 항하인데, 본래는 항하가 모래 수만큼 많다는 것이다.

提答言。甚多。復呼世尊言。但諸如沙等之恒河。尚且多而無
盡數。何況河中之沙。其爲數也。又安有盡哉。佛謂須菩提。
我今以眞實之言告汝。若有善男善女。以七寶至重之物。充滿
爾所謂恒河沙數三千大千世界。用以布施與人。所得之福果爲
多不。須菩提即以甚多答之。而又呼世尊。以證之意。以如此
布施得福。豈有不多之理。但不知世尊以爲何如耳。佛告須菩
提曰。汝以七寶布施者。所得之福。遂爲多耶。若有善男善
女。於此經中。乃至四句偈等。信受于心會其義。堅持于心存
其理。則是內見眞性。己不爲業識所迷。又能爲他人解說。使
聽受之。能亦信而不疑。持而不失。心地開朗。有悟明眞性之
漸。久之善根皆熟。可脫輪迴。成無上道。則人己兼益。其福
即無爲福也。所受福德。視彼七寶布施者。眞勝多矣。

【강의】 17.

부처님께서는 대중들이 쉽게 이해하도록 해주려고 먼저
질문을 설정했다.

"수보리야, 세간 만물의 수에는 많고 적음이 없지 않다. 저
항하 속에 존재하는 모래의 수처럼 그 수는 헤아릴 수가
없다. 설령 항하의 수가 그 모래 수와 동등하다면 그대의
생각은 어떤가. 얼마나 많겠는가."

수보리가 답했다.

"대단히 많습니다."

그리고 다시 세존을 호칭하여 말했다.

"단지 모래의 수와 동등한 만큼 항하의 모든 수만 해도 오
히려 또 많아서 셀 수가 없는데, 하물며 그 항하들 속의
모래 그것을 어찌 셀 수가 있겠고, 또 어찌 끝이 있겠습니

까."

부처님께서 수보리에게 말했다.

"나(여래)는 지금 진실한 말을 가지고 그대에게 고한다. 만약 어떤 선남·선녀가 칠보처럼 지중한 재물을 가지고 소위 항하의 모래 수만큼의 삼천대천세계에 가득 채워서 그것을 남에게 보시로 활용한다면 소득의 복과(福果)가 많겠는가."

수보리가 곧 대단히 많다고 답했다. 그리고 세존을 호칭하는 것으로써 그 증거의 의미를 삼았다.

"그와 같은 보시로 얻은 복덕이 어찌 많지 않을 이치가 있겠습니까. 다만 알 수가 없어서 세존께서는 '얼마나[何如]'라고 한 것입니다."

부처님께서 수보리에게 고하여 말했다.

"그대여, 칠보로 보시하여 얻은 복덕은 끝내 많겠는가. 만약 어떤 선남·선녀가 이 경전 내지 사구게 등을 믿고 받아들여 마음에 그 뜻을 이해하고 굳게 수지하여 마음에 그 이치를 담아둔다면 곧 그것은 안으로 진성을 보는 것이므로 그 자신은 업식에 미혹되지 않고, 또한 타인에게 해설하여 그것을 청수(聽受)토록 해주며, 또한 믿어서 의심하지 않고, 지녀서 상실하지 않으며, 심지가 활짝 열린다. 그리하여 진성을 오명(悟明)하는 것이 차츰 나아지고 그것이 오래되면 선근이 모두 순숙하여 가히 윤회를 벗어나고 무상도(無上道)를 성취한즉 나와 남에게 모두 이롭다. 그 복이 바로 무위복인데, 그로 인하여 받는 복을 저 칠보로 보시하는 것과 비교하여 살펴보면 진정으로 뛰어난 점이 많다."

○尊重正教分第十二
제12 존중정교분

(正教即無為法。以此為教。是為正教。佛以菩提法立教。皆
是盡性至命之理。正大無邪之論。人能尊崇而敬重之。明心見
性了悟真空。為受持正教。天人皆生敬重)。

[정교(正教)는 곧 무위법이다. 무위법으로써 교(教)를 삼
아야 그것이 정교이다. 부처님께서는 보리법으로써 입교하
였는데, 그것은 모두 진성(盡性) 및 지명(至命)의 이치로
서 정대(正大)하고 무사(無邪)한 논(論)이었다. 그래서 사
람들이 그것을 존숭(尊崇)하고 경중(敬重)해서 명심(明心)
하고 견성(見性)하며 진공(真空)을 깨치는[了悟] 것으로써
정교의 수지(受持)를 삼아 천상과 인간세계에서 모두 공경
[敬]과 존중[重]을 일으킨다.]

(18)復次須菩提隨說是經(至)即為有佛若尊重弟子。

【경문】 18.
　또한 수보리야. 마땅히 알아야 한다. 이 경전 내지 사구
게 등이 설해지는 곳마다 바로 그곳은 일체세간의 천 · 인
· 아수라 등이 모두 응당 부처님의 탑묘과 같이 공양한다
는 것을. 하물며 어떤 사람이 빠짐없이 수지하고 독송하는
것이겠는가.
　수보리야. 마땅히 알아야 한다. 그 사람은 최상이고 제
일이며 회유한 법을 성취한다는 것과 또한 만약 이 경전이

있는 곳이라면 그곳은 바로 부처님 혹은 존중받는 제자가
있는 곳임을"

【註】隨說者。不論前後。心無分別。任所在處。不拘凡聖。
見人即隨機化導。而說是經也。當知此處者。謂說經之處。天
者天道。如四天王之類。人者人道。即世間之人。阿修羅神
道。此云非天。以其果報最勝者。鄰次諸天。雖近享天福。而
行非天道也。(修羅有胎卵濕化四種。化生者。能攝持世界。
勢力無畏。與梵王帝釋及四天王爭權。此類瞋性最重。然却能
為佛護法。胎生者。屬人趣。卵生者。屬鬼趣。濕生者。屬畜
生趣。大槩以瞋恨心重。托生神道。而果報不同耳)六道中。
不言地獄餓鬼畜生者。以三種為業識昏迷。苦報障重。不知經
理也。塔者藏舍利之地。廟者設法像之所。皆世人敬佛之地。
對文曰讀。背文曰誦。學居師後曰弟。解從師生曰子。或云以
父兄之禮。事其師故名弟子。

【주석】18.
  '수설(隨說)'은 전후를 논하지 않고 마음에 분별이 없어
서 머물러 사는 곳[任所在處]마다 범·성에 걸림이 없고, 사
람을 만나면 곧 수기화도(隨機化導)하여 이 경전을 설한
다.
  '당지차처(當知此處)'는 소위 경전이 설해지는 곳이다.
  '천(天)'은 천상세계[天道]이다. 마치 사천왕의 부류와
같다.
  '인(人)'은 인간세계[人道]이다. 곧 세간의 사람이 사는
곳이다.

'아수라신(阿修羅神)'의 세계[道]는 번역하면 비천(非天)
이다.

'이기과보최승(以其果報最勝)'은 제천의 뒤를 이어서 비
록 천복을 누리는 것은 (제천과) 비슷하지만, 그 행위는
천도(天道)의 행위가 아니다.[수라에도 태·난·습·화의
4종이 있다. 화생은 세계를 섭지하고 세력이 무외여서 범
왕·제석 및 사천왕과 권세를 다툰다. 이 아수라는 화를
일으키는 성품[瞋性]이 가장 지중하다. 그러나 도리어 부
처님을 위하여 호법한다. 태생은 인간세계에 붙어살고, 난
생은 귀신세계에 붙어살며, 습생은 짐승세계에 붙어산다.
무릇 화를 내고 성을 내는 마음[瞋恨心]이 지중하여 신도
(神道)에 탁생하지만, 과보는 (신도와) 동일하지 않다] 육
도 가운데 지옥과 아귀와 축생에 대해서는 언급하지 않은
것은 이들 삼종은 업식이 혼미하고 고보장(苦報障)이 지중
하여 경전의 이치를 모르기 때문이다.

'탑(塔)'은 사리를 함장한 곳이고, '묘(廟)'는 법상(法像)
을 시설한 곳인데, 모두 세인들이 부처님을 공경하는 곳이
다.

경문을 상대하는 것을 '독(讀)'이라고 말한다.

경문을 마주하지 않고 읽는 것(암송)을 '송(誦)'이라고
말한다.

수행[學]이 스승의 뒤에 거(居)하는 것을 '제(弟)'라고
말하고, 이해[解]가 스승을 좇아서 일어나는 것을 '자(子)'
라고 말한다. 혹 부(父)·형(兄)의 예를 말하기도 하는데,
그 스승을 섬기기 때문에 '제자'라고 말한다.

【講】佛復謂須菩提云。有人隨說是經。或半部或一章。乃至最少。如四句偈等。因文顯義。令諸聽者。除迷妄心。悟真空理。當知此說經之處。一切世間天人阿修羅。皆應以華香瓔絡幢幡寶盖。恭敬供養。如佛之塔廟。慇懃瞻禮也。夫隨說者。非全經也。而感動天人等。恭敬供養已如是。何況有人于全部經典。盡能以心受持。以口讀誦。會通其文。研窮其義。須菩提當知。是盡能之人。深體無相無住之理。不離當念。真能成就最上而無可加。第一而無可比。絕無而僅有之法。其當為天人供養。又何如耶。不特持誦能感動而已。若是經典所在之處。即為有佛。不待外求。經在是佛即在是。而大弟子亦在是。宛然三寶共居焉。人可不信受奉持也哉。

【강의】 18.
　부처님께서 다시 수보리에게 고하여 말했다.
"어떤 사람이 이 경전이 설해지는 것을 따라서 반부(半部) 혹 일장(一章) 내지 사구게 등과 같은 최소(最少)만이라도 경문을 인유하여 뜻을 드러내어 모든 청법자로 하여금 미망의 마음을 제거해주고 진공의 이치를 깨우쳐준다고 하자. 이 경전이 설해지는 곳은 일체세간의 천·인·아수라가 모두 반드시 화(華)·향(香)·영(瓔)·락(絡)·당(幢)·번(幡)·보(寶)·개(盖)로써 공경하고 공양하는데, 부처님의 탑묘처럼 은근(慇懃)하고 첨례(瞻禮)한다는 것을 반드시 알아야 한다. 대저 수설(隨說)이란 전경(全經)은 아니지만 천·인 등을 감동시켜준다.
　공경하고 공양만 해도 이와 같은데, 하물며 어떤 사람이 전부경전(全部經典)을 모두 마음으로써 수지하고 입으로써

독송하며 그 경문을 회통하고 그 뜻을 연궁(研窮)하는 것
이겠는가.

수보리야, 반드시 알아야 한다. 그렇게 하는 모든 사람
은 깊이 무상(無相)·무주(無住)의 이치를 체득하여 당념
을 벗어나지 않는데, 진실로 최상을 성취하여 더할 것이
없고, 제일로서 비교할 것이 없으며, 사소한 법마저도 아
예 없으므로 천·인의 공양을 받는다. 그런데 또한 어찌
지·송하여 감동하지 않을 수 있겠는가. 만약 이 경전이
소재하는 곳은 곧 부처님이 계시는 곳이므로 밖에서 추구
하려고 기다리지 말라. 경전이 있는 곳이라면 곧 부처님이
계시는 곳이고 대제자도 또한 그곳에 있으므로 완연하게
삼보가 함께 거(居)한다. 그런데 사람들이 믿고 받아들이
며 받들고 지니지[信受奉持] 않을 수 있겠는가.”

○如法受持分第十三
제13 여법수지분

(分為二節。如法者。當如般若之法。受持者。承受行持。受
之于佛。持之于己也。前言真空無相。尚未闡明。如何受持。
此分明言。名為金剛般若波羅蜜。則信受而持守者有據。所以
教當依此法。而受持之也)。

[여법수지분은 두 대목으로 나뉜다. (하나는) 여법(如法)
은 당연히 반야법에 해당한다. (둘은) 수지(受持)는 승수
행지(承受行持)로서 부처님에게서 그것을 수(受)하고 내가
그것을 지니는 것이다. 앞에서 진공(真空)은 무상(無相)이
라고 말했는데, 그것은 아직 천명(闡明)하지도 않은 것인
데 어떻게 수·지한단 말인가. 이 여법수지분에서는 그에
대하여 분명하게 말하는데, 곧 금강반야바라밀이라고 명칭
한다. 곧 이것이 바로 신수(信受)하여 지수(持守)하는 근
거가 된다. 그 때문에 교(教)는 반드시 이 법(法, 금강반
야바라밀)에 의지하여 그것을 수·지해야 한다.]

(19)爾時須菩提白佛言(至)即是非相是名三十二相。

【경문】 19.
　그때 수보리가 부처님께 여쭈었다.
"세존이시여, 마땅히 이 경전을 무엇이라 제명해야 합니까.
그리고 저희들은 어떻게 받들어 지녀야 합니까."
　부처님께서 수보리에게 말하였다.

"이 경전을 금강반야바라밀경이라 제명하여라. 그리고 그 이름으로 그대들은 마땅히 받들어 지녀라. 수보리야, 왜냐하면 부처님이 설하는 반야바라밀은 곧 반야바라밀이 아니므로 반야바라밀이라 제명하는 것이다.

수보리야, 어떻게 생각하느냐. 여래가 설하신 법이 있겠느냐."

수보리가 부처님께 대답하였다.

"세존이시여, 여래께서는 설하신 것이 없습니다."

"수보리야, 어떻게 생각하느냐. 삼천대천세계에 있는 미진이 많다고 생각하느냐."

수보리가 부처님께 대답하였다.

"대단히 많습니다. 세존이시여."

"수보리야, 모든 미진을 여래는 미진이 아니라고 설하는데, 이것을 미진이라 말하는 것이다. 그리고 여래는 세계를 세계가 아니라고 설하는데, 이것을 세계라고 말하는 것이다. 수보리야, 어떻게 생각하느냐. 32상으로 여래를 볼 수가 있겠느냐."

"아닙니다. 세존이시여, 32상을 통해서는 여래를 볼 수가 없습니다. 왜냐하면 여래께서 설하신 32상은 상이 아니므로 32상이라고 말하기 때문입니다."

【註】微塵。空中飛塵。即紅塵也。積塵成界。析界為塵。大而世界。小而微塵。皆幻妄不實。故云非微塵非世界。皆假名也。三十二相。乃佛之正報色身。有三十二件好處。如眼耳口舌手足。豐滿潤澤。勝妙殊絕。形體端正。光明映徹。非是愛欲所生。是從三十二行得。迥異流俗。然凡所有相。皆是虛妄

也。

【주석】 19.
　'미진(微塵)'은 공중에 날리는 먼지로서 곧 홍진이다. 진
(塵)이 쌓여 계(界)를 이루고, 계(界)를 분석하면 진(塵)
이 된다.
　'대(大)'는 세계이고, '소(小)'는 미진인데, 모두 환(幻)
이고 망(妄)으로 실(實)이 아니다. 그 때문에 '비미진세계
(非微塵非世界)'라고 말한 것은 모두 가명이다.
　'삼십이상(三十二相)'은 이에 부처님의 정보색신(正報色
身)에는 32건의 호처(好處)가 있다. 저 안(眼)·이(耳)·
구(口)·설(舌)·수(手)·족(足)은 풍만하고 윤택하며 승
묘하고 수절하며 형체가 단정하고 광명이 영철하지만, 이
것은 애욕으로 발생한 것이 아니라 곧 32행으로부터 얻은
것이므로 속류(俗流)와 아득히 다르다. 그러나 범소유상개
시허망(凡所有相皆是虛妄)이다.

【講】時須菩提。疑情釋盡。又聞所說。受持讀誦。得成最上
之法。歆慕向往。[佢>但]未知命名之義。受持之道。當何如
耳。故白于佛。而問曰。世尊所說此經。當以何義命名。我等
弟子。當以何道奉持。佛答。是經名為金剛般若波羅蜜。蓋智
慧如金剛堅利。能斷六塵煩惱。直至諸佛彼岸。以是名字。汝
當奉行而持守也。至究其所以之故。即我所說般若波羅蜜。亦
非實有般若波羅蜜也。妙明本性。湛若虛空。寂然無相。惟恐
人生斷滅見。不過假此以導眾生持守。是名為般若波羅蜜也。
又恐執著虛名。不悟本性。如來住世。普度羣迷。到處為人開

示。其實般若。乃無上菩提法心法也。在自本性中。非言語文
字所能了者。故呼須菩提問曰。於汝意中云何。謂如來設教。
有所說法不耶。須菩提答云。如來設教。原是隨機化導。令人
自性自悟。無容外求於法。實無所說。亦無可說也。佛又呼須
菩提言曰。最大者。莫若世界。最細者。莫若微塵。於汝意所
見又云何。試觀三千大千世界中。所有微塵。處處布滿。果為
多不。須菩提答言。世界固多。微塵更多。甚多世尊。佛因須
菩提甚多之對。恐其泥于有相。又呼而告之。諸微塵者。原是
幻妄之物。如見雨則為泥。遇火則欲灰。本無定體。如來說非
實有微塵也。是虛名微塵而已。若人識得非真。則太虛澄徹。
所謂在塵離塵者也。不特微塵假。而世界亦虛。如山之高水之
深。可謂大矣。然山有時而崩。水有時而涸。劫盡必壞。非真
有世界也。是虛名世界而已。若人識得是假。則心地朗然。所
謂在世離世者也。佛又問須菩提。世界微塵。俱屬幻妄。汝已
知之。至如來色身有三十二相。為人所不能及。不知。汝意云
何。凡欲見如來者。果可以此三十二相見如來不。須菩提答
言。三十二相。佛之色身也。若以相為可見如來。不也世尊。
不可以相見如來者。此何以故。蓋如來說三十二相者。雖勝妙
殊絕。不過色身耳。非真相也。是名三十二相假名也。未有終
不壞者。豈可以相見如來乎。

【강의】 19.
　그때 수보리가 의정이 모두 풀렸다. 다시 설법을 듣고
수·지·독·송하여 최상법을 성취하여 흠모하고 거기에
나아가려고 하였는데 무릇 命名의 뜻을 몰랐다. 그래서 수
지하는 길은 장차 어떤 것인가 하는 까닭에 부처님에게 사

뢰어 질문하였다.

"세존께서 설한 이 경전을 장차 어떤 뜻으로 명명해야 합니까. 그리고 저희들 제자는 장차 어떤 방법으로 봉(奉)·지(持)해야 합니까."

부처님께서 답했다.

"이 경전의 명칭은 금강반야바라밀이다. 무릇 지혜가 금강처럼 예리하여 육진의 번뇌를 단절하고 곧장 제불의 피안에 이른다. 그 때문에 이 (금강반야바라밀이라는) 명자가된 것이다. 그대들은 반드시 받들고 실천하며 지니고 지켜서 구극에는 그런 목적[所以]에 이르러야 한다. 그 때문에 내(여래)가 설한 금강반야바라밀에 즉하게 되면 또한 실유의 반야바라밀이 아니다. 그 묘명(妙明)한 본성은 허공처럼 맑고 무상(無相)처럼 적연하다. 그리하여 오직 염려되는 것은 사람들이 단멸견을 일으켜서 가(假)에 불과한 그것으로써 중생을 지니고 지키는 것으로 인도하는 것인데, 그것을 반야바라밀이라고 말한다."

또한 허명(虛名)에 집착하여 본성을 깨치지 못할까 염려하여 여래가 세간에 머물며 널리 중생을 제도하느라고 도처에서 사람들에게 개시하는데, 기실 반야는 이에 무상의 보리법이고 심법이다. 이것은 자기의 본성 가운데 있는데 언어문자로 능료(能了)할 수 있는 것이 아니다. 그 때문에 수보리를 불러서 질문한다.

"그대는 어떻게 생각하는가. 소위 여래가 시설한 가르침에 설한 바 법이 있는가."

수보리가 답하여 말했다.

"여래께서 시설한 가르침은 원래 곧 근기에 따라 화도하여 사람들로 하여금 자성(自性)을 자오(自悟)토록 하는 것이므로 밖에서 법을 추구하는 것은 용납되지 않습니다. 실로 설한 것도 없고 또한 설할 수도 없습니다."

부처님께서 다시 수보리를 불러서 말했다.

"가장 큰 것이 저 세계가 아니고, 가장 작은 것이 저 미진이 아니다. 그대의 생각은 또 어떠한가. 가령 삼천대천세계에 있는 모든 미진을 관찰하여 처처에 빠짐없이 펼친다면 과연 많겠는가."

수보리가 답하여 말했다.

"세계는 진실로 많고, 미진도 또한 많습니다. 대단히 많습니다. 세존이시여."

부처님께서 수보리가 대단히 많다고 등대하는 것을 인유하여 수보리가 유상(有相)에 빠질 것을 염려해서 다시 불러서 그에게 고하였다.

"제미진(諸微塵)이란 원래 곧 환(幻)·망(妄)의 물(物)이다. 마치 비를 만나면 진흙이 되고 불을 만나면 재가 되는 것과 같아서 본래 정해진 본체가 없다. 여래가 설한 것도 실유의 미진이 아니다. 그것은 허명(虛名)의 미진일 뿐이다. 어떤 사람이 그것이 진(眞)이 아닌 줄 안다면 곧 허공[太虛]처럼 맑고 깨끗하여[澄徹] 소위 진(塵)에 있으면서도 진(塵)을 벗어난 사람이다. 그래서 미진이 가(假)일 뿐만 아니라 또한 세계도 허(虛)이다. 마치 산처럼 높고 물처럼 깊은 것을 가히 대(大)라고 말한다. 그러나 때가 되면 산도 무너지고 때가 되면 물도 말라서 겁이 다하면 반드시 무너지므로 진유세계(眞有世界)가 아니다. 그것은 허명세계(虛名世界)일 뿐이다. 어떤 사람이 그것이 가(假)인 줄 알면 곧 심지가 밝아지는데, 소위 세간에 있으면서 세간을 벗어난 것이다."

부처님께서 다시 수보리에게 물었다.

"세계와 미진은 모두 환(幻)·망(妄)에 속한다. 그대는 이미 그것을 알고 있다. 그러면 여래의 색신에 있는 삼십이상은 사람들이 미치지 못하고 알지도 못한다. 그대는 어떻게 생각하는가. 무릇 여래를 친견하려는 사람은 과연 이 삼십이상으로써 진정한 여래를 친견할 수 있겠는가."

수보리가 답하여 말했다.

"삼십이상은 부처님의 색신입니다. 만약 상(相)으로써 여래를 친견할 수 있겠는가 하면 그렇지 않습니다. 세존이시여. 상으로써는 여래를 친견할 수가 없습니다. 왜냐하면 무릇 여래께서 설한 삼십이상이 비록 승묘(勝妙)이고 수절(殊絶)일지라도 색신에 불과하여 진상(真相)이 아닌데, 이것을 가리켜 삼십이상은 가명이라고 말하기 때문입니다. 끝내 무너지지 않을 수가 없는데, 어찌 상으로써 여래를 친견할 수 있겠습니까."

(20)須菩提若有善男子善女人(至)爲他人說其福甚多。

【경문】 20.

"수보리야, 만약 어떤 선남자 선여인이 항하의 모래알 숫자만큼의 신명을 바쳐 보시하는 것과 또한 이 경전 가운데서 내지 사구게 등을 수지하여 남에게 연설해 준다면 이복이 훨씬 많을 것이다."

【註】七寶布施。外財也。身命布施。內財也。外財易。內財
難。身命而至恒沙之多。難之難矣。然不脫有漏之因。未明本
性。若受持經偈。直趣菩提。為人解說。使知各人自性。俱有
般若波羅蜜法。則視捨身布施之福。豈不甚多哉。

【주석】 20.
　‘칠보보시(七寶布施)’는 외재(外財)이고, ‘신명보시(身命
布施)’는 내재(內財)이다. 외재는 쉽지만, 내재는 어렵다.
더욱이 신명보시가 항사처럼 많은 경지에 이르는 것은 어
려움 가운데 어려움이다. 그러나 신명보시로는 유루인(有
漏因)을 벗어나지 못하여 본성을 해명하지 못한다. 그러나
만약 경(經)·게(偈)를 수(受)·지(持)하면 곧장 보리에
나아가 남에게 해설하여 각자의 자성을 알도록 해준다. 모
두 반야바라밀법을 갖춘즉 사신보시(捨身布施)의 복과 비
교하여[視] 어찌 대단히 많지 않겠는가.

【講】佛又語須菩提曰。世間所重者。莫過於身命。若有善男
善女。以恒河沙等身命之多。不惜而以布施。凡可以利天下
者。無不為矣。其所獲福。視寶施之福尤勝。但不明本性時。
有為頑福耳。若復有人。于此經中。乃至四句偈等。受持于己
而不失。教誨于人而不倦。則自悟悟人。人己兼利。獲福無
量。較彼捨身布施者。不更多乎。此金剛般若波羅蜜法。所當
奉持者也。

【강의】 20.
　부처님께서 다시 수보리에게 말했다.

"세간에서 소중한 것으로 신명을 능가하는 것이 없다. 만약 어떤 산남·선녀가 항사사와 동등한 신명처럼 많이 아끼지 않고 보시한다면 무릇 가히 천하를 이롭게 하는 것이 되지 않음이 없다. 그로써 얻는 복을 보배로 보시한 복과 비교하면[視] 훨씬 뛰어나다. 왜냐하면 무릇 본성을 해명하지 못했을 때는 유위완복(有爲頑福)일 뿐이기 때문이다. 만약 또 어떤 사람이 이 경중 내지 사구게 등을 수지하여 상실하지 않고 남에게 가르쳐 일깨워줌[敎誨]을 게을리하지 않은즉 자기도 깨치고 남도 깨쳐주고 나와 남이 모두 이로우면 얻는 복이 무량하다. 이것을 저 사신보시(捨身布施)하는 것과 비교하면 더할 수 없이 많다. 그것은 바로 금강반야바라밀법을 만나서 봉(奉)·지(持)한 것이기 때문이다."

○離相寂滅分第十四
제14 이상적멸분

(分爲四節。此分是說佛之寂滅眞性。乃眞相之。離相者。離
有爲相。寂滅者。不住相不生心也。若人能離却諸相。則心無
所住。而一切妄念息皆不生。直下頓空。即證金剛般若無上菩
提。返歸寂滅矣)。

[이상적멸분은 네 대목으로 나뉜다. 이상적멸분에서 (하나
는) 부처님의 적멸한 진성은 이에 그것이 진상임을 설한
것이다. (둘은) 이상(離相)은 유위상을 벗어난 것이다.
(셋은) 적멸(寂滅)은 부주상(不住相)이고 불생심(不生心)
이다. (넷은) 어떤 사람이 제상을 벗어난다면 곧 마음이
무소주로서 일체의 망념이 모두 발생하지 않아 곧장 돈공
(頓空)인즉 금강반야의 무상보리를 증득하여 다시 적멸로
돌아간다.]

(21)爾時須菩提聞說是經(至)是名第一波羅蜜。

【경문】 21.
　그때 수보리가 이 경전 설하는 것을 듣고 깊이 그 뜻을
알아차리고는 눈물을 흘리면서 슬피 울었다. 그리고 부처
님께 여쭈었다.
"드문 일입니다. 세존이시여, 부처님께서 이와 같이 대단히
심오한 경전을 설하신 것은 제가 옛적에 얻은 혜안으로도
아직껏 이 경전을 들어본 적이 없습니다.

세존이시여, 만약 또 어떤 사람이 이 경전을 듣고 신심이 청정해져서 곧 실상을 발생한다면 마땅히 그 사람은 제일 희유한 공덕을 성취한 사람임을 알겠습니다.

　　세존이시여, 이 실상이란 곧 실상이 아니기 때문에 여래께서는 설하여 실상이라 말씀하신 것입니다.

　　세존이시여, 제가 지금 이러한[如是] 경전을 듣고 신해하고 수지하는 것은 어렵지 않을 것입니다. 그러나 만약 당래세 후오백세에 어떤 중생이 이 경전을 듣고 신해하며 수지할 수 있다면 그 사람은 곧 제일 희유한 사람일 것입니다.

　　왜냐하면 그 사람은 아상이 없고 인상이 없고 중생상이 없고 수자상이 없기 때문입니다. 그 까닭은 아상은 곧 상이 아니고, 인상·중생상·수자상도 곧 상이 아니기 때문입니다. 왜냐하면 일체 모든 상을 여의면 곧 제불이라 말하기 때문입니다."

　　부처님께서 수보리에게 말하였다.

"그와 같다.[如是] 바로 그와 같다.[如是] 만약 어떤 사람이 이 경전을 듣고도 놀라지 않고 공포에 떨지 않고 두려워하지 않는다면 그 사람은 대단히 희유한 사람임을 마땅히 알아야 한다.

　　수보리야, 왜냐하면 여래가 설하는 제일바라밀은 곧 제일바라밀이 아니므로 제일바라밀이라 말하는 것이다.

【註】深解者。大徹悟也。義趣。義理旨趣。義乃名中之義。趣則義之指歸處也。涕淚皆自目出如雨滴曰涕。如水流曰淚。有聲無淚曰悲。無聲有淚曰泣。慧眼智慧眼也。是經者。文字

般若也。實相者。實相般若也。生實相般若現前。即顯自性
也。凡所有相。皆是虛妄。則眞空自性。爲實相矣。道修曰
功。見性曰德。心不疑曰信。悟禮義曰解。領納曰受。堅守曰
持。如是如是者。謂言當于理。而印可之也。驚者疑其言之
過。怖者恐其道之高。畏者懼其行之難。波羅蜜有六種。一布
施。二持戒。三忍辱。四精進。五禪定。六智慧。疏鈔以第一
即布施。然六祖云。摩訶般若波羅蜜。最尊最上最第一。斷乎
以般若爲第一也

【주석】 21.
‘심해(深解)’는 대철오(大徹悟)이다.

‘의취(義趣)’는 의리지취(義理旨趣)인데, 뜻[義]은 이에
명칭 가운데[名中] 들어있는 뜻[義]이고, 취(趣)는 곧 뜻
[義]이 가리키고 있는 도리[指歸處]이다.

‘체루(涕淚)’는 자기의 눈에서 빗방울처럼 흘러내리는 것
을 체(涕)라 말하고, 물처럼 흘러내리는 것을 루(淚)라고
말한다. 소리는 나지만 무루(無淚)인 것을 ‘비(悲)’라 말하
고, 소리는 없지만 유루(有淚)인 것을 ‘읍(泣)’이라고 말한
다.

‘혜안(慧眼)’은 지혜안(智慧眼)이다.

‘시경(是經)’은 문자반야(文字般若)이고, ‘실상(實相)’은
실상반야(實相般若)이다. 실상반야가 발생하여 현전하는
것은 즉현자성(即顯自性)이고, 범소유상개시허망(凡所有相
皆是虛妄)인즉 진공자성(眞空自性)으로 실상(實相)을 삼는
다.

도를 닦는 것[道修]을 공(功)이라고 말하고, 불성을 철

견하는 것[見性]을 덕(德)이라고 말하며, 마음으로 의심하지 않는 것을 신(信)이라고 말하고, 예의(禮義)를 체득한 [悟] 것을 해(解)라고 말하며, 이해하는 것[領納]하는 것을 수(受)라고 말하고, 유지하며 수호하는 것[堅守]을 지(持)라고 말한다.

'여시여시(如是如是)'는 언설이 이치에 합당한 것을 말하는데, 그것을 인가하는 것이다.

'경(驚)'은 그 언설이 과(過)함을 의심[疑]하는 것이고, '포(怖)'는 그 도가 높음을 두려워[恐]하는 것이며, '외(畏)'는 그 행이 어려움을 두려워[懼]하는 것이다.

바라밀에 6종이 있다. 하나는 보시이고, 둘은 지계이며, 셋은 인욕이고, 넷은 정진이며, 다섯은 선정이고, 여섯은 지혜이다. 『소초(疏鈔)』에서는 제일(第一)을 곧 보시(布施)로 삼았지만,[48] 육조는 '마하반야바라밀은 최존(最尊)이고 최상(最上)이며 최제일(最第一)'[49]이라고 하여 단호하게 반야를 제일로 삼는다.

【講】當時須菩提。一向在實相上用心。所以法見未忘。聞佛說是經名。方知實相。即是非相。凡聖情盡。人法雙忘。一切相離。無非是佛境界。心中深悟解。得此義之趣。自傷得聞此經之晚。乃涕淚悲泣。而白佛言。世間所少有者。我世尊也。

---

48) 『金剛經註解』卷3,（卍新續藏24, p.787中）"疏鈔曰。何以故者。顯因中最勝。明標第一波羅蜜者有十種。一布施。二持戒。三忍辱。四精進。五禪定。六智慧。七慈。八悲。九方便。十不退。今言第一波羅蜜者。即布施波羅蜜。何故獨言布施為第一。曰布施者。通攝萬行。直至菩提。尚行法施因布施資生眾善。言非者恐有能所之心。先拂去假名。行無住相施。故曰是名第一波羅蜜"참조.
49) 『六祖大師法寶壇經』,（大正藏48, p.350下）

今日說此深奧經典。我從昔來。已證四果。所得智慧眼。善能
聆悟。未曾得聞如是之經。何幸今日。聞所未聞耶。世尊。我
聞而信。不待言矣。但恐能信者少耳。若復有人。得聞是經。
信心清淨。發一念篤信之心。其心純是天真。毫無欲塵所染。
便是清淨。般若慧光。從文字般若即悟。自悟實相般若。而真
實不虛之相。從此生矣。當知是人現前。已能成就第一希有功
德。而非尋常之功德也。蓋這箇得聞。便是聞慧清淨。這箇信
心。便是思慧清淨。這箇實相。便是修慧清淨。皆自心功德。
即諸佛之所修為。故云第一希有也。然雖生實相。不外無生。
所謂實相者。不可執以為相。本無形迹。即是非相。若說無
相。恐成斷滅。故如來說名實相。亦是假名耳。世尊如是經
法。最難信解。如我輩親見如來。得聞此經。信其言之實。解
其理之妙。聽受而持守之。不為難事。若至將來末世後五百
歲。去聖時遠。五濁惡世。魔強法弱之際。其時倘有眾生。得
聞是經。亦能信解受持。是人真第一等人。而不可多得者。此
人何故不多得也。以其信解。能悟真空。已無人我四相。而得
人空。所以能無四相者何也。以解我等四相。即是非相。人我
兩忘。眾壽盡泯。原無有法可得。而證法空。此又何以故。不
惟但解法空。而又解得一切俱空之非相。大凡眾生。不能同
佛。為六塵染著。拘拘形相故耳。若離一切諸相。其心空寂。
無異諸佛覺地。即與諸佛齊名可也。寧非第一希有也。此正當
機深解義趣處故。佛為之印可曰。如是如是。謂其言當于理。
而深契佛意也。且不惟信解受持。為第一希有也。若復有人。
但得聞是經。而不驚疑其言之過。不恐怖其道之高。不畏懼其
行之難。此人亦甚為希有。何以故。此雖信有淺深。而信佛說
之第一波羅蜜則同也。然如來所說第一波羅蜜。豈真有第一波

羅蜜哉。順俗諦故。說第一波羅蜜。順真諦即非第一波羅蜜。
順中道第一義諦。是名第一波羅蜜。而聞之不驚怖畏者。豈不
同謂之希有耶。

【강의】21.
　당시에 수보리는 오로지 실상에서만 용심하였다. 그 때
문에 법견을 잊지 못하였는데, 부처님께서 설한 그 경전이
명칭을 듣고 바야흐로 실상을 알았는데, 그것은 곧 비상
(非相)이었다. 범·성의 정(情)이 다하고 인·법을 모두 잊
으며 일체상을 벗어나니 그것이 불경계 아님이 없었다. 심
중에서 깊이 오해(悟解)하고 그 의취(義趣)를 얻어서 이
경전을 듣게 된 것이 늦었음을 후회하고 이에 체·루·비
·읍하며 부처님에게 사뢰어 말했다.
"세간에서 드문 자가 우리 세존이십니다. 금일 설한 이 심
오한 경전은 제가 옛날에 이미 사과를 증득하여 얻은 지혜
안으로 훌륭하게 이해[善能聆悟]했지만, 일찍이 이와 같은
경전은 들은 적이 없습니다. 그런데 듣지 못했던 것을 오
늘에야 듣게 된 것은 어떤 행운입니까. 세존이시여, 제가
듣고서 믿게 된 것은 말할 필요도 없습니다. 다만 믿는 사
람이 적지 않을까 염려할 뿐입니다. 만약 또 어떤 사람이
이 경전을 듣고 신심이 청정하여 일념만이라도 독신(篤信)
의 마음을 일으킨다면 그 마음이 순수하여 천진하여 털끝
만큼도 욕진(欲塵)에 오염됨이 없습니다. 곧 그 청정은 반
야혜광인데, 문자반야로부터 깨쳐서 실상반야를 자오(自
悟)한 것이므로 진실(真實)하고 불허(不虛)한 상(相)은 그
로부터 발생합니다. 그 사람에게 현전한 것은 이미 제일

희유한 공덕을 성취한 것으로 보통의 공덕이 아닌 줄을 반드시 알 수가 있습니다. 그래서 무릇 그것을 들으면 곧 문혜(聞慧)가 청정하고, 그것을 믿는 마음은 곧 사혜(思慧)가 청정하며, 그와 같은 실상은 곧 수혜(修慧)가 청정한데, 모든 자심의 공덕은 곧 제불의 수행에 계합한 것입니다. 그 때문에 제일로서 희유하다고 말한 것입니다. 그러나 비록 실상을 발생하였지만 무생을 벗어나지 않습니다. 소위 실상이란 집착하지 않는 것으로써 상(相)을 삼습니다. 본래 형적이 없은즉 그것은 비상(非相)입니다. 그러나 만약 무상(無相)을 설하면 단멸이 될 염려가 있기 때문에 여래의 설법에서는 실상이라고 말하는데 그것 또한 가명일 뿐입니다. 세존이시여, 이와 같이 경법은 신(信)·해(解)가 가장 어렵습니다. 그런데 저와 같은 사람이 여래를 친견하여 이 경전을 듣고서 그 말씀이 실(實)임을 믿고 그 이치가 묘(妙)임을 이해하여 그것을 청수(聽受)하고 지수(持守)하는 것은 어려운 것이 아니지만, 만약 장래의 말세 후오백세에 이르러 부처님께서 가신 지 오래된 오탁악세에는 마(魔)가 강하고 법이 약해지는 즈음 그 시대에도 혹시 어떤 중생이 이 경전을 듣고 또한 신(信)·해(解)·수(受)·지(持)한다면 그 사람은 진실로 제일가는[第一] 사람으로서 많지 않을 것입니다. 그런 사람은 어째서 많지 않겠느냐 하면, 경전을 신·해하여 진공을 깨쳐서 이미 인·아 등의 사상이 없어서 인공(人空)을 얻은 까닭입니다. 그리고 사상이 없는 까닭은 무엇이겠습니까. 아상 등 사상이 곧 비상임을 이해했기 때문입니다. 그리고 인상과 아상의 둘을 잊고 중생상과 수자상마저 모두 없어져서 원래 얻

을 법이 없어서 법공(法空)을 증득했기 때문입니다. 이곳
은 또 왜냐하면 무릇 법공을 이해했을 뿐만 아니라 또한
일체구공(一切俱空)이 비상임을 이해했기 때문입니다. 그
러나 대범중생(大凡衆生)은 부처님과 같을 수가 없어서 육
진에 염착되어 형상마다 구애되기 때문입니다. 만약 일체
제상을 벗어나서 그 마음이 공적하여 제불각지(諸佛覺地)
와 다름이 없은즉 제불과 더불어 이름을 나란히 할 것입니
다. 그러면 어찌 제일가고[第一]·희유한 일[希有]이 아니
겠습니까."

이것은 바로 (말세중생의) 기(機)가 심해(深解)·의취
(義趣)의 이치에 해당한 것이기 때문에 부처님께서 그것을
인가하여 말했다.
"그래, 바로 그렇다. 소위 그 언설은 이치에 합당하고 깊이
불의(佛意)에 계합되었다. 그래서 또 신·해·수·지할
뿐만 아니라 제일·희유한 것이다. 만약 또 어떤 사람이
무릇 이 경전을 듣고도 그 언(言)이 과(過)임에 놀라지[驚
疑] 않고, 그 도(道)가 높음을 무서워하지[恐怖] 않으며,
그 행(行)이 어려움[難]을 두려워하지[畏懼] 않으면 그 사
람도 또한 제일이고 희유하다. 왜냐하면 그것은 비록 믿음
에는 깊고 얕음이 있을지라도 불설이 제일바라밀임을 믿은
즉 동일하기 때문이다. 그런데 여래가 설한 제일바라밀에
어찌 진실로 제일바라밀이라는 것이 있겠는가. 그런데도
속제에 따른 까닭에 제일바라밀이라고 설하는 것이지, 진
제에 따른즉 제일바라밀이 아니다. 그래서 중도에 따른즉
제일의제인데 그것을 바라밀이라고 말한다. 이에 그것을
듣고도 놀라거나[驚] 두려워하거나[怖] 무서워하지[畏] 않

는 사람을 일컬어 회유하다고 말한들 어찌 똑같지 않겠는
가."

(22)須菩提忍辱波羅蜜(至)又說一切衆生卽非衆生。

【경문】 22.

수보리야, 여래는 인욕바라밀을 인욕바라밀이 아니라고
설한다.

수보리야, 왜냐하면 내가 옛적에 가리왕에게 신체를 잘
렸던 적이 있었는데, 그때 내게는 아상이 없었고 인상이
없었으며 중생상이 없었고 수자상이 없었다. 왜냐하면 내
가 옛적에 사지가 갈가리 잘렸을 때 만약 아상·인상·
중생상·수자상이 있었다면 마땅히 진한(瞋恨)을 일으켰
을 것이다.

수보리야, 또 생각해보면 과거 오백세 동안 인욕선인으
로 있으면서 그 오백세 동안 아상이 없었고 인상이 없었고
중생상이 없었고 수자상이 없었다.

그런 까닭에 수보리야, 보살은 마땅히 일체상을 여의고
아뇩다라삼먁삼보리의 마음을 일으켜야 한다. 마땅히 색에
주(住)함이 없이 마음을 일으켜야 하고, 마땅히 성·향·
미·촉·법에 주함이 없이 마음을 일으켜야 하며, 마땅히
주함이 없이 마음을 일으켜야 한다. 만약 마음에 주함이
있다면 곧 그것은 주가 아니다.

이런 까닭에 부처님이 보살은 마음을 마땅히 색에 주함
이 없이 보시하라고 설한다.

수보리야, 보살은 일체중생의 이익을 위한 까닭에 마땅

히 이와 같이 보시해야 한다. 여래가 설한 일체제상은 곧 실상이 아니다. 또한 (여래는) 일체중생은 곧 중생이 아니라고 설한다.

【註】羞自外至者爲辱。忍謂不起恨心。以亂眞性也。昔往昔也。爲猶被也。梵語歌利。華言極惡。割剝也。截斷也。支四體也。解散也。瞋氣盛也。恨怨甚也。五百世。指前世而言。忍辱則無恨。無恨則無苦。無苦則有樂。故曰仙人。則無苦而有樂矣。

【주석】 22.

받는 모욕이 밖으로부터 이르는 것이 욕(辱)이고, 인(忍)은 한심(恨心)을 일으킴으로써 진성을 어지럽히지 않는 것을 말한다.

'석(昔)'은 왕석(往昔)이고, '위(爲)'는 유피(猶被)이다. 범어 '가리(歌利)'는 한자로는 극악(極惡)이다.

'할(割)'은 박(剝)이고, '절(截)'은 단(斷)이며, '지(支)'는 사체(四體)이고, '해(解)'는 산(散)이며, '진(瞋)'은 기성(氣盛)이고, '한(恨)'은 원심(怨甚)이다.

'오백세(五百世)'는 전세(前世)를 가리킨 말이다.

'인욕(忍辱)'은 곧 무한(無恨)인데, 무한인즉 무고(無苦)이고, 무고인즉 유락(有樂)이다. 그 때문에 '선인(仙人)'인즉 무고(無苦)이고 유락(有樂)이다.

【講】佛告須菩提云。世間萬事。莫妙于忍。而最難忍者。莫過于辱。凡有橫逆之事。辱境之來。怡然處之。不起瞋恨。以

亂本性。則心同太虛。即到覺地。此忍辱波羅蜜也。然本性真
空無相。果能妄怒不行。絶不留含忍之意。則外不見其有辱。
內不見其能忍。渾然兩忘。此如來說非忍辱波羅蜜。是名忍辱
波羅蜜也。此何以故。須菩提。如我往昔因中。被歌利王割截
身體。辱亦至矣。我于爾時。心如虛空。不起四相。不見割截
者是我。割截我者是人。割截之人是眾生。被割截之我是壽
者。此何故而能然也。我于往昔。節節支解時。已辱之極。勢
若難忍。設有四相。必生瞋恨之心。不能順受矣。又何以為忍
辱乎。然此特一世事耳。須菩提。我又念過去。于五百世前。
曾作忍辱仙人。修忍辱行。於爾時所處之世。亦無我人等四
相。此所以久修忍辱行。而視忍辱為常直。忍無所忍耳。甚矣
相之不可著也。就忍辱推之。而一切俱應離相。是故須菩提。
學道菩薩。欲成佛道。當離去一切形相。湛然中虛。發無上正
等正覺之心。不當住色而生可好之心。不當住于聲香味觸法。
而生可欲之心。當生清淨無所住著心。則此心真純無欲。圓通
無碍。非一切相之所繫縛。乃為應住。若心於六塵上。一有所
住。便生妄想。不能離相。則非菩薩所應住矣。又即一切之
中。摘出布施言之。是故佛說菩薩。心不應住著色相布施。一
菩薩不為自身五欲快樂。而行布施。但為利益一切眾生故。應
如是不住色相布施。若布施住色相。見有可施之物。所施之
人。行施之我。是不離一切相。啟眾生以著相之心。豈菩薩利
益眾生。而欲同登彼岸之心乎。所以如來。常說一切諸相。總
是幻有。于真性中。本來無相。非真相也。又說一切眾生者。
以心有四相。迷而不悟。故為眾生。若使妄念咸消。人我一
體。即非眾生矣。相與眾生本無住。而心又何可有住耶。

【강의】 22.

부처님께서 수보리에게 말했다.

"세간의 만사에서 인(忍)만큼 묘한 것이 없고, 가장 난인(難忍)은 욕(辱)을 능가하는 것이 없다. 무릇 횡역(橫逆)의 사건은 욕경(辱境)에서 오는데, 편안하게[怡然] 그것을 대처하여 진한을 일으켜 본성을 어지럽히지는 일이 없으면 곧 마음이 태허와 같은데 그것이 바로 깨침에 도달한 것이다. 이것이 인욕바라밀이고, 본성은 진공·무상으로서 끝내 망(妄)·노(怒)가 작용하지 못하여 함인(含忍)의 의미에 머물지 않는 것을 단절한즉 밖으로 그 유욕(有辱)을 보지 않게 되고 안으로 그 능인(能忍)을 보지 않게 되어 혼연하게 둘을 잊는데, 이것이 여래가 설한 비인욕바라밀이다. 이것을 인욕바라밀이라고 말한다.

이것은 왜 그런가. 수보리야, 내가 왕석의 인행시절에 가리왕에게 신체가 할절되고 또한 욕(辱)의 경지에 이르렀는데, 내가 그때 마음이 허공과 같아 사상을 일으키지 않고 할절된 사람이 곧 나(我)이고 나를 할절한 사람이 그(가리왕)였음을 보지 않았다. 할절한 사람이 있다면 곧 중생상이고, 할절된 내가 있다면 곧 수자상이다. 이 경우에 무슨 까닭에 그렇게 할 수 있었던가. 내가 왕석에 마디마디 사지가 해체되었을 때 이미 욕(辱)이 극에 도달했었는데, 그 세력이 난인(難忍)과 같아서 설령 사상이 있었더라면 반드시 진한심을 일으켜서 순수(順受)하지 못했을 것이다. 또한 무엇으로써 인욕을 삼았겠는가. 그런데 이것은 특별한 일세의 사건이었을 뿐이다.

수보리야 내가 또 과거를 돌이켜보니, 오백세 이전에 일찍이 인욕선인이 되어 인욕행을 닦았었다. 그때 머물고 있던 세상에서도 또한 아·인 등의 사상이 없었다. 그 까닭은 오랫동안 인욕행을 닦아서 인욕 보는 것을 상직(常直)으로 삼았기 때문에 인(忍)해도 소인(所忍)이 없었고, 심지어 인욕의 상(相)에도 집착하지 않았으며, 인욕에 나아가 그것을 추진하여 일체에 대하여 모두 이상(離相)에 상응하였다.

이런 까닭에 수보리야, 학도보살(學道菩薩)이 불도를 성취하고자 하면 반드시 일체형상을 벗어나서 담연한 허공속에서 무상정등정각심(無上正等正覺心)을 일으켜야 한다. 결코 색(色)에 주하여 색을 좋아하는 마음을 일으켜서도 안 되고, 결코 성(聲)·향(香)·미(味)·촉(觸)·법(法)에 주하여 그것을 욕망하는 마음을 일으켜서는 안 된다. 반드시 청정한 무소주착심(無所住著心)을 일으켜야 한다. 그런즉 그 마음이 진순(真純)하고 무욕(無欲)하며 원통(圓通)하고 무애(無碍)하여 일체상에 계박되지 않고 이에 응주(應住)하게 된다. 만약 마음을 육진에 두어 하나라도 소주(所住)가 있어서 곧 망상이 발생하여 이상(離相)이 불가능한즉 보살이 응주(應住)할 바가 아니다."

또한 일체에 즉해서 그 가운데서 보시를 적출하여 그것을 말하고 있다. 이런 까닭에 부처님께서는 보살은 마음을 결코 색상에 집착하여 보시해서는 안 된다고 설한다. 어떤 보살이 자신의 오욕과 쾌락을 위하지 않고 보시를 행하되, 무릇 일체중생의 이익을 위하려면 반드시 이와 같이 색상에 주하지 말고 보시해야 한다. 만약 색상에 주하여 보시한다면 보시하는 재물과 보시받는 사람과 보사를 행하는 자신을 보는 것이 되어 곧 일체상을 벗어나지 못하여 중생을 착상심(著相心)으로 안내하는 것이 되는데, 어찌 보살로서 중생을 이롭게 하여 피안에 오르려는 마음과 같겠는가. 그 때문에 여래는 항상 일체제상은 모두가 환유(幻有)라고 설한다. 진성(眞性) 가운데는 본래 상(相)이 없고 진상(眞相)도 없다. 또한 일체중생에게는 마음에 사상이 있어서 미혹하여 깨치지 못하기 때문에 중생이라고 설한다. 만약 망념을 모두 소멸시킨다면 나와 남이 일체로서 곧 중생이 아니다. 상(相)과 중생(眾生)이 본래 무주(無住)인데, 마음이 또한 어찌 유주이겠는가.

(23)須菩提如來是眞語者(至)所得法此法無實無虛。

【경문】 23.
수보리야, 여래는 진어자이고 실어자이며 여어자이고 불광어자이며 불이어자이다.
수보리야, 여래가 얻은 법 그 법은 實도 아니고 虛도 아니다.

【註】 眞則不僞。實則不虛。如必當理。誑欺誑也。異怪異也。始終一致。亦曰不異。

【주석】 23.
'진(眞)'은 위(僞)가 아닌 것이고, '실(實)'은 허(虛)가 아닌 것이며, '여(如)'는 반드시 이(理)에 맞는 것이고, '광(誑)'은 속이는 것[欺誑]이며, '이(異)'는 괴이(怪異)이다.

처음과 끝이 일치하는 것을 또한 불이(不異)라고 말한다.

【講】 佛告須菩提。如來以前所說。或明我空。顯般若之深。
或明法空。顯般若之甚深。是真切語者。是誠實語者。是如理
而語＜者?＞。非幻妄不常者。是實心慈悲。不爲欺誑之語
者。是至庸至一。不爲變易怪異之語者。總是說無上菩提。欲
人了悟佛法。須菩提。如來所說。乃如來所得。虛則著空。實
則著有。如來所得法。將以此法爲實耶。本體空寂。無相可
得。實而虛。莫知其所爲實也。將以此法爲虛耶。妙用無方。
取之不匱。虛而實。莫知其所爲虛也。實而非實。虛而非虛。
體用備矣。此法之妙。誠以是哉。

【강의】 23.
　부처님께서 수보리에게 말했다.
"여래가 이전에 설한 것으로 혹 아공을 설명한 것은 반야
가 깊은 것을 드러낸 것이고, 혹 법공을 설명한 것은 반야
가 매우 깊은 것을 설명한 것이다. 바로 이것은 진절(真
切)을 말한 것이고, 성실(誠實)을 말한 것이며, 이치에 맞
게 말한 것으로 환(幻)·망(妄)·불상(不常)이 없는 것이
고, 실심(實心)·자비(慈悲)로써 속임수[欺誑]가 없이 말
한 것이며, 용(庸)에 이르고 일(一)에 이르기까지 변역(變
易)·괴이(怪異)가 없이 말한 것이다. 이것은 모두가 곧
무상보리를 설한 것으로 사람들이 불법을 요오(了悟)하기
를 바란 것이다.
　수보리야, 여래가 설한 것 이에 여래가 얻은 것이 허
(虛)라면 곧 공(空)에 집착하는 것이고, 실(實)이라면 곧

유(有)에 집착하는 것이다. 여래가 얻은 법은 장차 그 법이 실(實)이겠는가. 본체가 공적하여 상(相)으로써 얻을 것이 없어서 실(實)이면서 허(虛)이므로 그것이 실(實)이 된다고도 알아서는 안 된다. (여래가 얻은 법은) 장차 그 법이 허(虛)이겠는가. 묘용이 무방하여 그것을 취해도 다할 수가 없어서 허(虛)이면서 실(實)이므로 그것이 허(虛)가 된다고도 알아서는 안 된다. 실이지만 실이 아니고, 허이지만 허가 아니지만 체(體)·용(用)이 갖추어져 있다. 이 법의 妙가 진실로 이러하다.

(24)須菩提菩薩心住於法(至)皆得成就無量無邊功德。

【경문】24.
　수보리야, 만약 보살이 마음을 법에 주(住)하여 보시를 행한다면 그것은 마치 어떤 사람이 어둠속에 들어가면 곧 볼 수가 없는 것과 같고, 만약 보살이 마음을 법에 주함이 없이 보시를 행한다면 마치 어떤 사람이 눈을 가지고 있어서 햇빛이 밝게 비추면 갖가지 색을 볼 수 있는 것과 같다.
　수보리야, 당래세에 만약 어떤 선남자 선여인이 이 경전을 수지하고 독송할 수 있다면 곧 여래가 불지혜로 그 사람을 다 알고 그 사람을 다 보아 모두에게 무량하고 무변한 공덕을 성취시켜주는 은혜를 입게 된다.

【註】住于法者。執著于法。謂非隨機化導。而住法塵也。布施。法施也。乃教化衆生之謂。當來世。猶云將來後世也。指

如來滅後像法末世言。

【주석】24.

　‘주우법(住于法)’은 법에 집착하는 것으로 소위 사람을 따라 교화하는 것이 아니라 법진에 집착하는 것이다.

　‘보시(布施)’는 법시(法施)인데, 중생의 교화를 말한다.

　‘당래세(當來世)’는 장래(將來)·후세(後世)라고 말하는 것과 같다. 곧 여래가 입멸한 이후 상법(像法) 및 말세(末世)를 가리켜서 한 말이다.

【講】佛語須菩提。我謂布施者。有財施言50)法施。法施教化眾生。使皆成佛也。然雖曰法施。凡所說之法。總是隨人迷悟淺深。迎機化導。使悟本性。皆是假設。故菩薩心行布施。亦不當住法。若心住於法。而行布施。法亦是塵。遮蔽真空性體。障起無明貪愛。四相未除。如人入暗室之中。昏黑一無所見矣。若菩薩心不住法而行布施。則無法塵障蔽真性。洞達無礙。遇眾生施教。如人本有眼目。又當皎日之照。黑白分明。毫無隱匿。悉見種種形色矣。此所以貴心無住法也。當知是經。但詮無住之法。使眾生明真如本性。了悟自性中。莫大之功用德行。却無定法可求。亦無定法可執。實為希有。無人不當受持。非夙世種善根者。未易值遇。現在不消說得。須菩提。當來之世。若有善男善女。能于此經。受持讀誦。深信無相無住之理。不徒為口耳之學。一一究明其義。而心悟真空之妙。是人即為如來以佛智慧眼照鑒之。盡知盡見。普加覆護是等之人。皆得成就無量無邊見性功德。周法界而無方。自悟悟

---

50) 言疑有

人。普度羣生。歷萬劫而常在。覺徧一時。連于後世。其為功
德。豈有限量邊岸哉。

【강의】 24.

　부처님께서 수보리에게 말했다.

"내가 말한 보시에는 재시가 있고 법시가 있다. 법시는 중
생을 교화하여 모두 성불시키는 것이다. 비록 법시라고 말
해도 무릇 설한 법은 모두가 중생의 미(迷)·오(悟)·천
(淺)·심(深)을 따라서 사람을 맞이해서 화도하여 본성을
깨치도록 하는데 이것은 모두 가설(假設)이다. 그 때문에
보살이 마음으로 보시를 행해도 또한 법에 주하는 것에 해
당하지 않는다. 만약 마음을 법에 주하여 보시를 행한다면
법도 또한 그대로 진(塵)으로서 진공성체(真空性體)를 덮
고[遮蔽] 무명과 탐애의 번뇌가 일어나서 사상이 제거되지
않는다. 그것은 마치 사람이 암실에 들어가면 깜깜하여 아
무것도 볼 수가 없는 경우와 같다. 그러나 만약 보살이 마
음을 법에 주하지 않고 보시를 행한다면 곧 법진이 진성을
덮음이 없이 통달무애로써 중생을 만나 가르침을 베풀어준
다. 그것은 마치 사람이 본래 안목이 있고 또한 밝게 비추
는 태양을 대하면 흑백이 분명하고 털끝만큼도 은닉됨이
없이 모두 갖가지 형색을 볼 수가 있는 것과 같다. 이런
까닭에 마음이 법에 주함이 없어야 한다는 것을 귀하게 여
긴다. 반드시 알아야 한다. 이 경전은 무릇 무주의 법을
설명하여 중생으로 하여금 분병하게 진여본성을 보아 자성
을 알도록 하는 것이야말로 막대한 공용(功用)이고 덕행
(德行)이지만, 도리어 정해진 법으로 추구할 수가 없고 또

한 정해진 법으로 집착할 수가 없으므로 실로 희유하여 부당하게 수지하는 사람이 없다. 숙세에 선근을 심은 사람이 아니라면 쉽게 만날 수가 없고, 현재도 설법을 소화할 수가 없다.

　수보리야, 당래세에 만약 어떤 선남 · 선녀가 이 경전을 수 · 지 · 독 · 송하고, 무상(無相) · 무주(無住)의 이치를 깊이 믿으며, 말하고 듣는 수행[口耳之學]을 헛되게 하지 않고, 낱낱이 그 뜻을 구명(究明)하여 마음에 진공의 묘를 얻는다면 그 사람은 곧 여래가 불지혜안(佛智慧眼)으로 그를 자세하게 살펴준다. 그리하여 (여래가) 모든 것을 알고 모든 것을 보아서, 널리 그러한 사람들을 더욱더 보호하여 모두 무량하고 무변한 견성공덕을 성취시켜주고, 법계에 널리 구석구석 빠짐없이 스스로 깨치고 남을 깨우쳐주며, 두루 군생을 제도하고, 만겁을 지내도록 상주(常在)하며, 깨침이 일시에 편만해지고, 그 공덕이 후세에 미치도록 해주는데, 어찌 한량(限量)의 변안(邊岸)이 있겠는가."

○持經功德分第十五
제15 지경공덕분

(分為二節。受持此經者。即能成就無量無邊功德。持兼行持
誦持功德。不離自性。兼自覺覺他言)。

[지경공덕분은 두 대목으로 나뉜다. (하나는) 이 경전을
수지하는 사람은 곧 무량하고 무변한 공덕을 성취한다.
(둘은) 지는 행지와 송지의 공덕을 겸하여 자성을 벗어나
지 않고 아울러 자각·각타하는 것을 말한다.]

(25)須菩提若有善男子善女人(至)受持讀誦為人解說。

【경문】 25.
　수보리야, 만약 어떤 선남자 선여인이 아침나절에 항사
와 같은 신명으로 보시하고, 점심나절에도 또한 항사와 같
은 신명으로 보시하며, 저녁나절에도 역시 항사와 같은 신
명으로 보시하기를, 이와 같이 무량백천만억 겁 동안 신명
으로 보시한다고 하자. 그리고 또한 만약 다시 어떤 사람
이 이 경전을 듣고 신심으로 거스르지 않는다고 하자. 그
러면 이 복이 앞의 복보다 뛰어나다. 하물며 수지하고 서
사하며 남을 위하여 해설해주는 것이랴.

【註】初日分。謂早晨。中日分。謂日午。後日分。謂晚間。
分時分也。等者數相比也。

【주석】 25.

'초일분'은 새벽[早晨]을 말하고, '중일분'은 정오[日午]를 말하며, '후일분'은 저녁[晚間]을 말한다.
'분(分)'은 시분(時分)이고, '등(等)'은 수(數)와 상(相)으로 비교하는 것이다.

【講】 佛語須菩提。設有善男善女。於初日分。以恒河沙等身命之多。方便布施。及日中時分。亦復如是。至日晚時分。又復如是。一日之間。三度捨身。至于百千萬億劫數。皆以身施。可云勤且多難且久矣。其獲福報應亦無量。然所獲者。止是世間有為之福。未能離乎煩惱。而終有盡也。若復有人聞此經典。即信于心。隨順其說。而不違逆。此為善入福慧。當受出世間福。其福已勝彼世間捨身之福。何況書寫以流通其章句。受持而身行其法。讀誦而尋繹其文。解悟其理。又以是經廣為解說其義。使人聞經信解。力行不倦。則非徒自明己性。且教人各明其性。其福德又安有量哉。

【강의】 25.

부처님께서 수보리에게 말했다.

"가령 어떤 선남·선녀가 아침에 항하사 만큼의 많은 신명을 가지고 방편으로 보시하고, 및 낮에도 또한 그와 같이 하며, 저녁에 이르러서도 다시 또한 그와 같이 하여 하루에 세 차례에 걸쳐 사신(捨身)하기를 백천만억의 겁수에 이르도록 모두 몸으로써 보시한다면, 가히 부지런하고 또 많으며[勤且多] 어렵고 또 장구하다[難且久]고 말할 수가 있다. 그로써 얻는 복의 과보는 응당 또한 무량하다. 그러

- 145 -

나 그렇게 획득한 것은 곧 세간의 유위복에 그쳐서 번뇌를 벗어날 수가 없어서 끝내 번뇌가 남아 있다. 만약 또 어떤 사람이 이 경전을 듣고 곧 마음으로 믿어서 그 설을 수순하여 위역(違逆)하지 않는다면 이것은 훌륭하게 복(福)·혜(慧)에 들어가서 반드시 출세간복을 받는다. 그 복은 이미 전자인 세간의 사신복(捨身福)보도 뛰어나다. 하물며 서(書)·사(寫)하여 그 장구(章句)를 유통시키고, 수(受)·지(持)하여 몸으로 그 법을 행하며, 독(讀)·송(誦)하여 그 경문을 자세하게 풀이하고 그 이치를 이해하고 깨치며, 또한 이 경전을 가지고 널리 그 뜻을 해설해주어 사람들로 하여금 경전을 듣고 신·해토록 힘써 행하되 피권(疲倦)하지 않은즉 스스로 자기의 성품을 해명함이 헛되지 않고 또 남들로 하여금 각자 그 성품을 해명토록 해주면 그 복덕 또한 어찌 한량이 있겠는가.”

(26)須菩提以要言之(至)以諸華香而散其處。

【경문】 26.
수보리야, 요약해서 말하자면 이 경전에는 불가사의하고 불가칭량하며 끝없는 공덕이 있다.
여래는 대승심을 일으키는 자를 위하여 설하고 최상승심을 일으키는 자를 위하여 설한다. 만약 어떤 사람이 잘 수지하고 독송하며 널리 남을 위하여 설한다면 여래는 그 사람을 다 알고 그 사람을 다 보아 모두에게 불가량하고 불가칭하며 끝없고 불가사의한 공덕을 성취시켜준다.
이러한 사람들은 곧 여래의 아뇩다라삼먁삼보리를 감당

한다. 수보리야, 왜냐하면 만약 소승법을 누리는 자라면
아견 · 인견 · 중생견 · 수자견에 집착하기 때문에 곧 이
경전을 잘 청수(聽受)하고 독송하며 남을 위하여 해설해
줄 수가 없다.

수보리야, 어느 곳이든지 만약 이 경전이 있는 곳이라면
일체 세간의 천 · 인 · 아수라가 마땅히 공양할 것이다. 마
땅히 알아라. 그 곳은 곧 탑이 있는 곳으로서 모두가 공경
하고 예를 드리며 위요(圍繞)하고 여러 가지 향과 꽃을 가
지고 그곳에 흩뿌린다는 것을.

【註】要簡要也。思心思也。議言議也。稱秤稱。量器量。功
以進修言。德以全理言。乘者車乘也。取行載義。發者發起
也。大乘菩薩乘也。最上乘佛乘也。背負曰荷。在肩曰擔。樂
喜好也。小法。小乘法也。在在處處。言其所在之處不一也。

【주석】 26.
'요(要)'는 간요(簡要)이다.
'사(思)'는 심사(心思)이고, '의(議)'는 언의(言議)이며,
'칭(稱)'은 칭칭(秤稱)이고, '양(量)'은 기량(器量)이며, '공
(功)'은 진척된 수행으로써 말한 것이고, '덕(德)'은 온전
한 이치로써 말한 것이다.
'승(乘)'은 거승(車乘)인데, 행(行)과 재(載)의 뜻을 취
한 것이고, '발(發)'은 발기(發起)이며, '대승(大乘)'은 보
살승(菩薩乘)이고, '최상승(最上乘)'은 불승(佛乘)이다.
등에 짊어지는 것을 '하(荷)'라고 말하고, 어깨에 메는
것을 '담(擔)'이라고 말한다.

‘요(樂)’는 희호(喜好)이고, ‘소법(小法)’은 소승법(小乘法)이다.

‘재재처처(在在處處)’는 그 소재하는 곳이 하나가 아님을 말한 것이다.

【講】佛告須菩提。舉要言之。是經顯眞空法性。明無相眞宗。此般若經法。有不可以心思測度。不可以言論擬議。又不可以如物。而稱量其輕重多少也。則此經之功德無邊際。雖讚歎。有所不能盡。而如來其容易說乎。爲發大乘心者說。爲發最上乘心者說也。蓋此經有無邊功德。如來說此。不止敎人自修出世成就一己而已。實使自度度人也。發大乘者。普載一切衆生。同到彼岸已。是菩薩地位矣。然猶未也。發最上乘者。則不止普度衆生將并菩薩兼載之方。是成佛地位。如來爲說之意。其法力廣大如此。而能承任者亦難矣。若有人。能受持讀誦。既以成己。廣爲人說。又能成人。人己兼成。功德無量。如來于此一一。悉知悉見。是人成就此經所具功德。等無有異。如是人等。其力量之大。信堪荷擔如來無上正等正覺之法無難也。此何以故。蓋持說是經者。皆能發大乘最上乘心。而法亦能任其大矣。若喜樂小乘法者。只知有己。不知有人。便是著我人衆生壽者之四見。惑於幻相。未悟眞空。即於此經無相妙義。毫無領略。于己不能聽受讀誦。于人不能解說開導。是將不可思議功德。而輕棄之。豈能承任無上菩提。故佛不爲彼說。非有所偏也。當知此經永爲萬世不刊之典。須菩提。但隨經所在之處。一切世間。天道人道阿修羅道。所當供養者也。當知此經所在之處。即爲如來眞身舍利寶塔。皆應起恭敬之心。作禮而五體投地。圍繞而大衆歸依。以諸種華香。而散滿其處。以為供養也。

【강의】 26.
　부처님께서 수보리에게 말했다.
"요점을 들어 말하자면 이 경전은 진공법성을 드러내고 무상진종을 해명한다. 이 반야경법은 심사(心思)로 측탁(測度)할 수가 없고 언론(言論)으로 의의(擬議)할 수가 없다. 또한 사물처럼 그 경(輕)·중(重)·다(多)·소(少)를 칭량(稱量)할 수가 없다. 그런즉 이 경전의 공덕은 변제(邊際)가 없다. 만일 찬탄으로도 다할 수가 없는데, 여래인들 그것을 용이하게 설하겠는가. 대승심을 일으킨 사람을 위해서 설하고, 최상승심을 일으킨 사람을 위해서 설한다.
　무릇 이 경전에는 무변의 공덕이 있다. 여래는 이것을 설하여 사람들로 하여금 자수(自修)하여 출세를 성취토록 하는데 한 사람에 그치지 않고 실로 자기를 제도하고 남을 제도하도록 해준다. 대승심을 일으킨 사람은 널리 일체중생을 싣고 함께 피안에 도달하는데 그것이 보살지위(菩薩地位)이다. 그러나 아직도 미진하다. 그러나 최상승심을 일으킨 사람은 곧 널리 중생을 제도하는데 그치지 않고 장차 보살과 더불어 나란히 태우고 나아가는데 이것이 성불지위(成佛地位)이다. 여래가 이것을 설한 의미는 그 법력이 이처럼 광대하여 承任할 수 있는 사람도 또한 어려워한다. 만약 어떤 사람이 수(受)·지(持)·독(讀)·송(誦)을 이미 마치고 널리 남을 위해 설해주며 또한 남을 성취시켜 나와 남이 함께 성취된다면 그 공덕이 무량하다. 여래는 이에 낱낱을 다 알고 다 보는데, 그 사람이 성취한 것은 이 경전에 갖추어진 공덕과 동등하여 차이가 없다. 이와 같은 사람은 그 역량이 위대하여 참으로 여래의 무상정등 정각의 법을 감당하고 짊어지는 것에 어려움이 없다. 왜냐하면 무릇 이 경전을 지(持)·설(說)하는 사람은 모두가 대승심과 최상승심을 일으키고, 법도 또한 그 위대함을 감당할 수가 있기 때문이다. 그러나 만약 소승법을 희(喜)·요(樂)하는 사람은 단지 자기만 알 뿐이지 남을 알지 못한다. 그것은 곧 아·인·중생·수자의 사견에 집착하고 환(幻)·상(相)에 미혹되어 진공을 깨치지 못한즉 이 경전의 무상묘의(無相妙義)를 털끝만큼도 이해하지 못하여 자기도 청(聽)·수(受)·독(讀)·송(誦)하지 못하고 남에게도 해설(解說)·개도(開導)해주지 못한다. 이것은 불가사의한 공덕을 가지고도 가볍게 그것을 포기한 것인데, 어찌 무상보리를 잇고 감당(承任)할 수 있겠는가. 그 때문에 부처님께서는 그들을 위해서 설하지 않은 것이지 편벽된 것이 아니다.

반드시 알아야 한다. 이 경전은 영원하지만 만세토록 간행되지 않는 경전이다. 수보리야, 무릇 경전이 소재하는 곳마다 일체세간 곧 천도(天道)·인도(人道)·아수라도(阿修羅道)에서 응당 공양을 받을 것이다. 반드시 알아야 한다. 이 경전이 소재하는 곳마다 곧 여래의 진신사리보탑이 되어 모두가 응당 공경심을 일으켜서 예배하고 오체투지를 하며 위요(圍繞)하고 대중이 귀의하며 모든 종류의 화(華)·향(香)으로써 그곳에 가득 뿌려서 공양할 것이다."

○能淨業障分第十六
제16 능정업장분

(能淨業障。 言此經之功德。 能消滅能世之罪。 業障者。 言罪
業之障蔽心光。 如帷幔之障蔽人目。 不目天日也。 經力固能淨
障。 須要受持。 能淨其心。 斯真受持。 若以淸淨心受持讀誦此
經。 先世罪業安有不消。 先世且消。 而況現在者乎)。

[능정업장은 이 경전의 공덕을 말한 것이다. 소멸되는 것
은 세간의 죄이다. 업장은 죄업으로 덮인 심광(心光)을 말
한다. 마치 휘장에 가려진 사람의 눈은 태양을 보지 못하
는 것과 같다. 본래 번뇌[障]를 청정케 하려면 반드시 수
(受) · 지(持)가 필요하다. 그 마음을 청정케 하는 것이야
말로 그것이 진정한 수·지이다. 만약 청정심으로써 이 경전
을 수 · 지 · 독 · 송하면 선세의 업장인들 어찌 소멸되지
않겠는가. 선세의 업장까지도 장차 소멸되는데, 하물며 현
재의 업장이겠는가.]

(27)復次須菩提若善男子善女人(至)果報亦不可思議。

【경문】 27.
　또한 수보리야, 선남자 선여인이 이 경전을 수지 독송하
였는데도 만약 남들로부터 경멸과 천대[輕賤]를 받는다고
하자. 이 사람은 선세의 죄업이 응당 악도에 떨어질 판이
었다. 그러나 금세에 남들로부터 천대받는 까닭에 전생의
죄업이 곧 소멸되고 마땅히 아뇩다라삼먁삼보리를 얻을 것

이다.

수보리야, 내가 생각해 보건대 과거 무량한 아승지겁에 연등불을 친견하기 이전에 팔백 사천만억 나유타의 제불을 친견하고 모두 다 공양하고 받들어 보시며[承事] 헛되이 지나친 적이 없었다.

만약 또 어떤 사람이 후말세(後末世)에 잘 이 경전을 수지하고 독송하여 얻는 공덕을 내가 제불에게 공양한 것으로 얻은 공덕으로 말하자면 그 백분의 일에도 미치지 못하고 천만억분 내지 산수나 비유로도 미칠 수가 없다.

수보리야, 만약 선남자 · 선여인이 후말세에 이 경전을 수지하고 독송하여 얻은 공덕을 내가 만약 자세하게 설한다면 혹 어떤 사람은 그것을 듣고 마음이 광란(狂亂)해지고 의심하여 믿지 못한다.

수보리야, 마땅히 알라. 이 경전의 뜻도 불가사의하고 그 과보도 또한 불가사의하다는 것을.

【註】惡道猶惡境。極言之則三惡道也。先世即前生。梵語阿僧祇。猶云無盡數。那由他猶云一萬萬。劫者世也。值遇也。十萬曰億。總極言其多。承事。順承奉事也。具說者盡說也。狐是狐狸。其性多疑。故人之多疑不決者。曰狐疑。功有所成曰果。理有所驗曰報。非止今生。後世果報之說也。

【주석】 27.
'악도'는 악경계이다. 그것을 극언하자면 곧 삼악도이다.
'선세'는 곧 전생이다.
범어 '아승지'는 또한 무진수(無盡數)라고도 한하고, '나유타'는 또한 일만만(一萬萬)이라고도 하며, '겁'은 세(世)이다.

'치(値)'는 우(遇)이다.

'십만(十萬)'은 억(億)이라고 말하는데, 모두 극언으로서 그것이 많다는 것이다.

'승사(承事)'는 명을 따르며 받들어 모시는[順承奉事] 것이다.

'구설(具說)'은 진설(盡說)이다.

'호(狐)'는 곧 호리(狐狸)인데 천성적으로 의심이 많다. 그 때문에 사람이 의심이 많아 결정짓지 못하는 경우를 호의(狐疑)라고 말한다.

공(功)이 성취되는 것을 '과(果)'라고 말하고, 이(理)가 증험되는 것을 '보(報)'라고 말한다. 따라서 금생에 그치지 않고 후세의 과보라는 설이다.

【講】弟子復編次。佛語須菩提曰。人能持經。不惟成就無邊功德。并可消宿世業障。若有善男善女。能受持讀誦此經。真可敬重者也。而反為人所輕。真可尊貴者也。而反為人所賤。其故何哉。蓋必是人。先世未聞經時。執泥四相。染著六塵。造有罪孽。當墮惡道。以今世人輕賤故。准抵得先世罪孽。即盡為消滅矣。既免惡報。真性亦開。是能除妄歸真。當得無上菩提之正果。而持經功德。為何如哉。須菩提。持經功德。即成無上菩提。此非妄言也。試以我證之。我思過去無盡數萬劫。在然燈佛前。得遇八百四千萬億無數諸佛。悉皆供養。而不敢怠。承事而不敢違。無空過一處。而不供養者。是我歷事諸佛之多如此。若復有人。於後來末法之世。能受持讀誦此

- 153 -

經。其所得功德。以較我供養諸佛之功德。我百分尚不及其一
分。直推到千萬億分。乃至算數之多。譬喻之廣。亦不能及
也。蓋供佛止求福報。而持經則圓明本心。永脫輪迴。是豈所
能較量也哉。持經功德。勝於供佛功德。世人應信我言矣。然
而猶未也。須菩提。若善男善女。於後來末法之世。有能受持
讀誦。所得無量功德。我若盡言其詳。或有鈍根小智之人。聞
之反生疑畏之心。狂而無定持。亂而無定見。輾轉狐疑。而不
能信。所以我尚未盡說耳。當知此經之義。深遠難測。乃眞空
無相。最上乘法。不可以心思言議。而窮其蘊也。至於受持讀
誦。先世之罪業減消。無量之功德難及。而其所得果報。又豈
可以心思言議也哉。

【강의】 27.
　제자(공기채)가 다시 편집해보면 다음과 같다.
　부처님께서 수보리에게 한 말은 다음과 같다.
"어떤 사람이 경전을 지니면 무변의 공덕을 성취할 뿐만
아니라 또한 숙세의 업장을 소멸한다. 만약 어떤 선남·선녀
가 이 경전을 수·지·독·송을 하면 진정으로 공경과 존
중을 받는다고 하는데도 불구하고 도리어 남에게 경멸되
고, 진정으로 공경과 존중을 받는데도 불구하고 남에게 천
대받는 일이 있는 것은 무슨 까닭이겠는가. 그것은 무릇
반드시 그 사람은 선세에 경전을 듣지 않았을 때 사상에
굳게 집착하고 육진에 염착하여 많은 죄업[罪孽]을 지어서
마땅히 악도에 떨어질 판이었다. 그런데 금세에 남들로부
터 경멸되고 천대되는 까닭에 따르거나 거절하여[准抵] 얻
은 선세의 죄업이 곧 모두 소멸되어 이미 악보를 벗어나고

진성이 또 열리는데 이것은 망(妄)을 단제하고 진(眞)으로 돌아가서[除妄歸眞] 반드시 무상보리의 정과를 얻는다. 그러므로 지경의 공덕이야말로 어떠하랴.

수보리야, 지경의 공덕은 곧 무상보리를 성취하는데, 이것은 망언이 아니다. 시험삼아 내가 그것을 증명해보겠다. 내가 과거 무진수만겁(無盡數萬劫)을 돌이켜보니, 연등불 이전에 팔백사천만억의 무수한 제불을 친견하여 모두 다 공양하며 게으름을 부리지 않고 承事하여 결코 어기지 않으면서 어떤 부처님의 처소[一處]에서도 헛되게 보낸 적이 없고 공양하지 않은 적이 없었다. 곧 내가 제불 모두를 두루 섬긴[歷事] 것이 이와 같았다. 만약 다시 어떤 사람이 후래말법 세상에 이 경전을 수·지·독·송을 한다면 그것으로 얻는 공덕은 내가 제불에게 공양한 공덕과는 비교할 수가 없다. 나는 그것의 백분의 일에도 거의 미치지 못하고, 천만억분에 이르거나 내지 산수의 많음 과 비유의 광대함으로도 또한 미치지 못한다. 무릇 공불(供佛)은 복보(福報)를 추구하는 것에 그치지만 지경은 곧 본심을 원명하게 하고 윤회를 영원히 벗어난다. 이 어찌 교량할 수 있는 대상이나 되겠는가. 지경의 공덕이 공불(供佛)의 공덕보다 뛰어나다. 세간 사람들은 반드시 내 말을 믿어야 하는데 아직은 부족하다.

수보리야, 만약 선남·선녀가 후래말법 세상에서 수·지·독·송을 하여 얻는 무량한 공덕을 내가 자세하게 모두 말한다면 혹 둔근(鈍根) 및 소지인(小智人)은 그것을 듣고 도리어 의심과 두려운 마음[疑畏心]을 일으키고 광(狂)으로 정지(定持)하지 못하고 난(亂)으로 정견(定見)하지 못하며 전전(輾轉)하여 호의(狐疑)해서 끝내 믿지 못한다. 그 때문에 나도 오히려 다 설할 수가 없다. 반드시 알아야 한다. 이 경전의 뜻은 심원하여 헤아리기 어렵고, 이에 진공과 무상의 최상승법은 심사(心思) 및 언의(言議)로써 그 함의[蘊]를 궁구할 수가 없다. 그러므로 수 · 지 · 독 · 송하기에 이르면 선세의 죄업이 모두 소멸되는 무량한 공덕에 미치기 어려운데, 그것으로 얻는 과보 또한 어찌 심사(心思) 및 언의(言議)로써 가능하겠는가.

金剛經正解卷上
『금강경정해』 권상

金剛經正解卷下
『금강경정해』 권하

○究竟無我分第十七
제17 구경무아분

(分爲四節。究推究。竟窮盡也。無我即是無四相。而但云無
我者。四相皆因我相而生。無我即無四相也。究竟無我有二
義。一是自然體。直下究竟。本無我體是也。一是勉然法。詳
究到盡處。只是無我是也。經因自然體。而示人以勉然法。與
中庸明則誠義相似)。

[구경무아분은 네 대목으로 나뉜다. (하나는) 구(究)는 추
구하는 것이고, 경(竟)은 궁진하는 것이며, 무아(無我)는
곧 사상이 없는 것이다. (둘은) 그런데 단지 무아라고만
말한 것은 사상의 모두가 아상(我相)을 인하여 발생하므로
무아(無我)는 곧 무사상(無四相)이다. 구경무아에는 두 가
지 뜻이 있다. (셋은) 첫째의 뜻은 곧 자연의 체[自然體]
인데, 곧 구경까지 내려가면 본래 아의 체가 없는 것을 말
한다. (넷은) 둘째의 뜻은 곧 자연을 벗어난 법[勉然法]인
데, 자세하게 궁구하여 끝까지 도달하면 단지 그것은 무아
일 뿐임을 말한다. 경전에서는 자연의 체[自然體]를 인하
여 사람들에게 자연을 벗어난 법[勉然法]을 보여주는 벗어
나도록 해주는데, 『중용(中庸)』의 해명을 따르자면 즉 진
실로 뜻이 비슷하다.]

(28)爾時須菩提白佛言(至)阿耨多羅三藐三菩提心者。

【경문】 28.

　그때 수보리가 부처님께 말씀드렸다.

"세존이시여, 선남자 선여인이 아뇩다라삼먁삼보리의 마음
을 일으켜서는 마땅히 어떻게 머물러야 하고 어떻게 그 마
음을 다스려야 합니까."

　부처님께서 수보리에게 말씀하셨다.

"만약 선남자 선여인으로서 아뇩다라삼먁삼보리심[51]을 일
으킨 자는 마땅히 이와 같은 마음[如是心]을 일으켜야 한
다. '나는 응당 일체중생을 멸도하리라.'라고. 그리고 일체
중생을 멸도하고 나서는 더욱이 '한 중생도 실로 멸도한
자가 없다'라고.

　수보리야, 왜냐하면 만약 보살에게 아상 · 인상 · 중생상
· 수자상이 있으면 곧 보살이 아니기 때문이다.

　수보리야, 왜냐하면 실로 아뇩다라삼먁삼보리심[52]을 일
으키는 법은 있을 수 없기 때문이다.

【講】 爾時須菩提。聞佛不可思議之言。復問佛云。是經所重
者。發菩提心也。若善男子善女人。果能發此心究竟。云何應
住而不遷。至於妄幻心。云何降伏而不動。佛告之曰。菩提心
者。本來自有當體現成。原爲人所同具。只因衆生蔽於塵染。
不能滅度。而取捨人我。紛擾此心者多矣。當生如是滅度衆生

---

51) '아뇩다라삼먁삼보리심'이 고려대장경본에는 '阿耨多羅三藐三菩提'로
　　서 心이 없다.
52) '아뇩다라삼먁삼보리심'이 고려대장경본에는 '阿耨多羅三藐三菩提'로
　　서 心이 없다.

心。我應滅度一切眾生。如煩惱妄想貪瞋癡心。種種四生之
類。皆為點破。喚醒。一一。除滅。而度脫之。既滅度一切眾
生已。則智慧觀照。息妄還真一切眾生。原非本性中所有。而
我心中。一念不起。同歸寂滅。無有一眾生。實是我滅度之
者。此何以故。蓋學道菩薩。一留度生之心。而不化。則四相
未除。妄想現前迷惑本性。即非菩薩矣。所以然者何也。不惟
度生非實。即發心亦非實法。求發心之我尚不可得。況度生之
我耶。菩薩以發菩提心。得名心本空寂。其發菩提心。不過自
悟自修自度度人。實無有法得發此阿耨多羅三藐三菩提心。可
知發心是因眾生。而名無法發心乃真實義也。

【강의】 28.

　그때 수보리가 부처님의 불가사의한 말씀을 듣고 다시
부처님께 질문으로 말했다.
"이 경전에서 중요한 것은 발보리심입니다. 어떤 선남·선
여인이 과연 이 보리심을 일으켰으면 구경에 어떻게 주해
야 물러남이 없고, 환망심이 이르면 어떻게 항복해야 동요
되지 않겠습니까."
　부처님께서 수보리에게 고하여 말했다.
"보리심은 본래부터 당체가 현성되어 있고 원래 사람들에
게 동일하게 갖추어져 있다. 단지 중생이 염진에 덮여 있
는 까닭에 멸도하지 못하고 인(人)·아(我)를 취(取)·사
(捨)하여 그 마음을 혼란시킨 사람이 많다. 반드시 다음과
같이 중생을 멸도하겠다는 마음을 일으켜야 한다.
[나는 응당 일체중생을 멸도시켜주겠다. 번뇌·망상·탐
심·진심·치심 그리고 갖가지 사생의 부류를 모두 점파

하여 환성(喚醒)시켜주겠다. 낱낱을 멸제하여 그것을 도탈
시켜주겠다. 일체중생을 멸도시킨 후에는 곧 지혜로 관조
하여 일체에게 망(妄)을 그치고 진(眞)으로 돌아가게끔 해
주겠다. 그러나 원래 본성 가운데는 (중생심의) 존재가 없
고 내 마음속에서도 일념도 일어나지 않아 모두 적멸로 돌
아갔지만 어떤 중생도 실로 내가 그들을 멸도시킨 사람은
없다. 왜냐하면 무릇 학도보살(學道菩薩)이 중생을 제도했
다는 마음[度生心]을 남겨두면 교화한 것이 아닌데 곧 그
것은 사상이 단제되지 못한 것인데, 망상이 현전하고 본성
을 미혹시킨즉 보살이 아니기 때문이다. 왜냐하면 도생(度
生)은 실(實)이 아닐 뿐만 아니라 곧 발심도 또한 실법이
아니기 때문이다. 발심을 추구하는 아(我)도 오히려 불가
득인데 하물며 도생(度生)한 아(我)이겠는가. 보살이 발보
리심으로써 마음이 본래 공적하다는 명칭을 얻는다면 그
발보리심은 자오(自悟) · 자수(自修) · 자도(自度) · 도인
(度人)에 불과하여 실로 그 아뇩다라삼먁삼보리심을 일으
킬만한 법이 없다. 그러므로 가히 알 수가 있을 것이다.
곧 발심은 곧 중생을 인유한 것으로 발심할 만한 법은 없
다고 말할 수 있어야 이에 진실한 뜻임을.]"

(29)須菩提於意云何(至)當得作佛號釋迦牟尼。

【경문】 29.
　수보리야, 어떻게 생각하느냐. 여래가 연등불 처소에서
아뇩다라삼먁삼보리를 얻은 법이 있었느냐."
"아닙니다. 세존이시여, 제가 부처님께서 설하신 뜻을 아는

바로는 부처님께서는 연등불 처소에서 아뇩다라삼먁삼보리를 얻은 법이 없습니다.”

부처님께서 말씀하셨다.

“그렇다. 바로 그렇다. 수보리야, 실로 여래가 아뇩다라삼먁삼보리법을 얻은 법이 없다.

수보리야, 어떻게 생각하느냐. 여래가 연등불 처소에서 아뇩다라삼먁삼보리를 얻은 법이 있었느냐.”

“아닙니다. 세존이시여, 제가 부처님께서 설하신 뜻을 아는 바로는 부처님께서는 연등불 처소에서 아뇩다라삼먁삼보리를 얻은 법이 없습니다.”

부처님께서 말씀하셨다.

“그렇다. 바로 그렇다. 수보리야, 실로 여래가 아뇩다라삼먁삼보리를 얻은 법이 없다.

수보리야, 만약 여래가 아뇩다라삼먁삼보리를 얻은 법이 있다면 연등불은 곧 나에게 ‘그대는 내세에 반드시 부처가 되는데 호는 석가모니이다.’는 수기를 주지 않았을 것이다. 실제로 아뇩다라삼먁삼보리를 얻은 법이 없다. 이런 까닭에 연등불은 나에게 수기를 주어 다음과 같이 말하였다. ‘그대는 내세에 반드시 부처가 되는데 호는 석가모니이다.’

【註】如來佛自謂也。授付也。記誌也。佛以心印相傳曰授記。梵語釋迦。此云能仁。謂心性純全。含容一切也。梵語牟尼。此云寂默。謂心體本寂。動靜不遷也。寂默為體。即是如。能仁為用。即為來。先釋迦而後牟尼者。攝用以歸體也。先如而後來者。從體以起用也。總是一箇真性加號。則為釋迦牟尼通稱。則為如來。又為佛。佛者大覺也。不從形相言也。

形相佛因設化衆生隨緣應迹耳。應化事詳首卷。

【주석】 28

'여래'는 부처님이 자신을 일컫는 말이다.

'수(授)'는 부(付)이고, '기(記)'는 지(誌)이다. 부처님이 심인으로 상전하는 것을 수기(授記)라고 말한다.

범어 '석가'는 번역하면 능인(能仁)인데, 심성이 순전(純全)하고 일체를 함용(含容)한 것을 말한다.

범어 '모니'는 번역하면 적묵(寂默)인데, 심체가 본적(本寂)하고 동(動)·정(靜)에 변천이 없는 것을 말한다. 그래서 적묵(寂默)으로 체(體)를 삼는데 곧 이것이 '여(如)'이고, 능인(能仁)으로 용(用)을 삼는데 곧 이것이 '래(來)'이다. 앞의 '석가(釋迦)'와 뒤의 '모니(牟尼)'는 용을 섭수하여 체로 돌아간[攝用歸體] 것이다. 앞의 '여(如)'와 뒤의 '래(來)'는 체로부터 용을 일으킨[從體起用] 것이다. 이것은 모두 일개의 진성(真性)에 가호(加號)한 것으로 곧 석가모니인데, 통칭하면 곧 여래(如來)가 되고 또한 불(佛)이 된다.

'불(佛)'은 대각(大覺)이다. 형상으로부터 온 말이 아니다. 형상불(形相佛)은 중생의 교화를 위한 시설을 말미암은 것으로 인연을 따라 형적에 상응할 뿐이다. 응화(應化)에 대한 것은 상권[首卷]에 상세하다.

【講】 佛呼須菩提反問云。汝聞我說實無有法發菩提心者。於汝意中云何。若菩提心有法可得。則如來宜先得之矣。昔日如來。為菩薩時。於然燈佛所。可曾有法得菩提不。須菩提言。

不也世尊。如我解佛所說。實無有法發菩提心之義。則知佛於
然燈佛所。無有法得無上菩提也。蓋佛於本師處。乃自性自
悟。非有秘密之法傳授。而得佛深契。須菩提之言。故重許之
云。如是如是。須菩提。果是實無有法如來得無上菩提也。若
使有法而如來得無上菩提者。然燈佛當舉法以傳於我。則不與
我止授記云。汝於來世。當得作佛。號為釋迦牟尼。以實無有
法。而得無上菩提。是故然燈佛。與我授記。因作是言。汝於
來世。當得作佛。號釋迦牟尼。此外更無付囑也。

【강의】 29.
　부처님께서 수보리를 불러 반문하여 말했다.
"그대는 '실로 법으로서 발보리심할 것은 없다.'고 설한 내
말을 듣고, 어떻게 생각하는가. 만약 보리심에 얻을만한
법이 있다면 곧 여래가 의당 먼저 그것을 얻었을 것이다.
옛적에 여래가 보살이었을 때 연등불 처소에서 일찍이 얻
은 보리가 있었겠는가."
　수보리가 말했다.
"아닙니다, 세존이시여. 제가 부처님의 설법을 이해하기로
는 실로 법에 발보리심이라는 뜻이 없습니다. 그런즉 부처
님이 연등불 처소에서 법으로서 무상보리를 얻은 것이 없
다는 것을 알겠습니다. 무릇 부처님이 연등불[本師] 처소
에서 이에 자성을 자오(自悟)한 것이지, 비밀의 법을 전수
받아서 연등부처님과 깊이 계합된 것은 아닙니다."
　(부처님께서는) 수보리의 말에 대하여 일부러 거듭해서
그것을 인정하여 달한다.
"그래, 그렇다. 수보리야, 과연 그렇다. 실로 법으로서 여래

가 무상보리를 얻은 것은 없다. 만약 법이 있어서 여래가 무상보리를 얻었다면 연등불은 응당 법을 들어서 나에게 전수했을 것이다. 그리고 곧 나에게 수기를 주는 것에 그치고 '그대는 내세에 반드시 부처가 될 것인데 호는 석가모니이다.'라는 말은 해주지 않았을 것이다. 실로 법이 없었기 때문에 무상보리를 얻은 것이다. 이런 까닭에 연등불이 나에게 수기를 주고 그로 인하여 '그대는 내세에 반드시 부처가 될 것인데 호는 석가모니이다.'고 말해주었다. 이 밖에 달리 부촉은 없다."

(30)何以故如來者即諸法如義(至)爲非大身是名大身。

【경문】30.

왜냐하면 여래란 곧 제법에 여여(如如)하다는 뜻이기 때문이다.53) 만약 어떤 사람이 여래는 아뇩다라삼먁삼보리를 얻었다고 말해도, 수보리야, 실로 불(佛)이 아뇩다라삼먁삼보리를 얻은 것은 없다.

수보리야, 여래가 얻은 아뇩다라삼먁삼보리는 그 가운데 실도 없고 허도 없다. 이런 까닭에 여래는 일체법을 모두 그대로 불법이라고 설한다.

수보리야, 말한 일체법이란 곧 일체법이 아니다. 이런 까닭에 일체법이라 말한다.

수보리야, 비유하면 사람의 몸이 장대한 것과 같다."

수보리가 말했다.

---

53) 여래의 정의에 대하여 『금강경』에서는 이곳 구경무아분 '諸法如義' 및 이하 제29 위의적정분 "如來者 無所從來 亦無所去 故名如來"의 두 군데가 있다.

"세존이시여, 여래께서 설한 사람의 몸이 장대하다는 것은 곧 대신이 아닙니다. 그것을 대신이라 말합니다."

【註】如來者。真性之稱。遍虛空法界。而常自如隨所感而應現。是如來即諸法如義之謂。諸眾也。法者處事之方。如義者謂真性本來自如。其見之於諸法者。皆自然而然。來為應迹。去無留滯。如如不動之義也。

【주석】 29.
'여래'는 진성을 일컬은 것이다. 허공법계에 편재하면서 항상 스스로 감응에 따라서 응현한다.

이것은 즉 '제법(諸法)에 여여하다'는 뜻을 말한 것이다. '제(諸)'는 중생이고, '법(法)'은 허사(處事)의 방식이며, '여의(如義)'는 진성은 본래부터 그러함[如]을 말한 것인데, 그것을 제법에 대하여 그러하다고 보는 것은 모두 자연(自然)의 연(然)이다. 그래서 래(來)는 적(迹)에 상응하는 것이고, 거(去)는 유체(留滯)가 없는 것인데, 이것이 여여하고 부동하다는 뜻이다.

'어(於)'는 곧 중(中)인데, 보리(菩提)의 체중(體中) 곧 진성중(真性中)을 말한다.

【講】此顯法身不屬因果也。佛恐須菩提執定如來是有修有得。未達法身不屬因果。既以無所得破之矣。猶恐未悟故。直示之曰。何故言菩提無所得耶。以如來者非有相之稱。乃是諸法常體如如之義耳。若有人。不知如來是諸法中之真如義。而言別有法名如來。得此無上菩提。須菩提。實無有法佛得無上菩提。蓋佛自得之。非有法以得之也。故如來所得無上菩提。
其於是中。一法不立。無相可求。不可認以為實。無法不備。
為諸相之體。不可認以為虛。唯是無實無虛之故。如來所說一
切法。皆是不著四相。不染六塵。發明真性之理。用以修行。
而成佛之法也。法豈可廢哉。然法固不可廢。而亦不可執也。
即所言一切法者。不過指示迷途。除去四相。假此以修行。若
真性既悟。能自得之。法亦何有。即非一切法。是虛名一切法
耳。非真性中所有也。須菩提。所言一切法者。有而非實有。
譬如人身長大。人身雖長且大。果真為長大乎。須菩提。深契
佛旨。答云。如來說人身長大者。不過形軀色相。一時假合。
即非真實大身。是虛名為大身而已。知大身非身。則知諸法非
法。

【강의】 30.
   이 대목은 법신은 인과에 속하지 않음을 드러낸다. 부처
님은 수보리가 여래에게 수(修)도 있고 득(得)도 있다는
것에 굳게 집착하여 법신의 경우에 인과에 속하지 않음을
통달하지 못할 것을 염려한다. 이미 무소득으로써 그것을
타파하였지만, 아직도 그것을 깨치지 못할까 염려하여 직
접 제시하여 말한다.
“무슨 까닭에 보리는 무소득이라고 말한 것인가. 여래는
유상으로 일컬은 것이 아니다. 그것은 곧 제법의 상체(常
體)로서 여여의 뜻이다. 만약 어떤 사람이 여래는 곧 제법
가운데 진여의 뜻임을 알지 못하고 ‘별도로 여래가 이 무
상보리를 얻었다고 명명하는 법이 있다’고 말한다고 하자.
그러나 수보리야, 실로 부처님이 무상보리를 얻었다는 법

이란 없다. 무릇 부처님이 스스로 그것을 터득한 것이지 법이 있어서 그것을 얻은 것은 아니다. 그 때문에 여래가 얻은 무상보리는 그 가운데 어떤 법도 내세우지 않는다. 그래서 상(相)으로 추구할 것도 없고, 실(實)이라고 인정할 만한 것이 없지만 법이 갖추지 않은 것이 없어 제법의 체이므로 허(虛)라고 인정할 수가 없다. 바로 이것이 실이 없고 허가 없는[無實無虛] 까닭이다.

여래가 설한 일체법은 모두가 사상에 집착이 없고 육진에 오염됨이 없어서 진성의 이치를 발명하여 그것으로써 수행에 활용하여 성불하는 법이다. 그런데 법을 어찌 폐(廢)하겠는가. 그리고 법은 본디 폐할 수가 없고 또한 잡착할 수도 없다. 곧 말한바 일체법은 미도(迷途)를 지시해 준 것에 불과하여 사상을 제거하고 그것에 의지하여 수행한다. 만약 진성을 이미 깨쳤다면 스스로 그것을 터득할 것인데, 법이 또한 어찌 유(有)이겠는가. 곧 일체법이 아니다[即非一切法]는 것은 곧 허명으로 일체법일 뿐으로 진성 가운데 존재하는 것[所有]이 아니다.

수보리야, 말한바 일체법은 유(有)이지만 실유(實有)가 아니다. 비유하자면 사람의 몸이 장대(長大)한 경우와 같다. 사람의 몸이 비록 장(長)이고 또 대(大)일지라도 과연 진정으로 장대한 것인가."

수보리가 부처님의 뜻에 깊이 계합하여 답변으로 말했다.

"여래께서 설한 사람의 몸이 장대하다는 것은 형구(形軀)의 색상(色相)인데 일시적으로 가합(假合)된 것에 불과하여 곧 진실한 대신(大身)이 아닙니다. 그것은 허명으로 대

신이라고 말할 뿐입니다. 그래서 대신이 진신(眞身)이 아
닌 줄 알면 곧 제법이 진법이 아닌 줄 압니다."

(31)須菩提菩薩亦如是(至)如來說名眞是菩薩。

【경문】31.
"수보리야, 보살도 또한 그와 같다.[如是] 만약 다음과 같
이 '나는 진실로 무량한 중생을 멸도시키겠다.'고 말한다면
곧 보살이라 말할 수가 없다. 수보리야, 왜냐하면 실로 법
에는 보살이라 말할 수 있는 것이 없기 때문이다.
　이러한 까닭에 불(佛)은 '일체법에는 아(我)도 없고 인
(人)도 없으며 중생(衆生)도 없고 수자(壽者)도 없다.'고
설한다.54)
　수보리야, 만약 보살이 다음과 같이 '나는 진실로 불토를
장엄하겠다.'고 말한다면 그것은 보살이라 말할 수가 없다.
왜냐하면 여래는 '불토를 장엄한다는 것은 곧 장엄이 아니
다. 그것을 장엄이라 말한다'고 설하기 때문이다.
　수보리야, 만약 보살로서 아상과 법상이 없음을 통달한
자라면 여래는 '참으로 그는 보살이라 말한다.'고 설한
다.55)

---

54) "是故佛說 一切法無我 無人 無衆生 無壽者"에 대하여 "이러한 까닭
　에 부처님께서 설한 일체법에는 我도 없고 人도 없으며 衆生도 없고
　壽者도 없다."고 해석하는 것도 가능하다.
55) "若菩薩通達無我法者 如來說名眞是菩薩"이라는 대목에 대하여 일반
　적으로 "만약 보살로서 무아법을 통달한 자라면 여래는 '참으로 그는
　보살이라 말한다.'고 설한다."고 해석한다. 그러나 본 『금강경여시해』
　에서는 "만약 보살로서 아상과 법상이 없음을 통달한 자라면 여래는
　'참으로 그는 보살이라 말한다.'고 설한다."고 해석한다.

【註】梵語菩薩。此云覺眾生。亦如是者。指上文而言亦如大身之不實也。作是言者。指下文而言。謂我滅度眾生也。我當莊嚴佛土。此佛土謂佛刹。上如來說莊嚴佛土。此謂佛之心土。通達者。見得十分透徹也。無我者。無有我見也。法理也。真菩薩謂造到無我地位。即正等正覺。故云真也。

【주석】30.
　범어 '보살(菩薩)'은 번역하면 각중생(覺眾生)이다. '역여시(亦如是)'는 위의 경문을 가리켜 말한 것인데, 대신(大身)이 부실(不實)인 것과 같다.
　'작시언(作是言)'은 아래 경문을 가리켜 한 말인데, 내가 중생을 멸도시켰다는 것을 말한다.
　'아당장엄불토(我當莊嚴佛土)'에서 이 불토(佛土)는 불찰(佛刹)을 말한다. 그리고 위에서 '여래설장엄불토(如來說莊嚴佛土)'의 그것은 부처님의 심토(心土)를 말한 것이다.
　'통달(通達)'은 견해가 충분히 투철(透徹)하게 된 것이다.
　'무아(無我)'는 유아견(有我見)이 없는 것이다.
　'법(法)'은 이(理)이다.
　'진보살(真菩薩)'은 무아(無我)의 지위에 나아가 도달한 것인데, 정등정각(正等正覺)에 즉한 까닭에 '진(真)'이라고 말한다.

【講】佛說大身不為真實固矣。然不獨大身也。須菩提。菩薩之名。為覺眾生者。其不實亦如是也。蓋真性中。本無眾生。

祇因業緣現相。由我相立。而成四相。則眾生並從業緣中現。
反之真性。了無可見。若菩薩自言。我當滅度無量眾生。則是
有心除滅。分別眾生。我相未離。而反自增障。即不得名為菩
薩矣。此何以故。菩薩雖以佛法滅度眾生得名。但真性中。惟
無上菩提。本無眾生可度。又何有背可據實無有法滅度眾生。
以名為菩薩也。是故佛所說一切法。不過隨機順應。開導眾
生。以悟本性。豈有法相之見哉。無我人眾生壽者之四相矣。
不特法無相見也。夫上求佛果。下化眾生。皆菩薩事也。既求
佛果。則當嚴佛土矣。然嚴土亦非實法也。若菩薩自言。我當
以七寶五采。莊飾嚴整佛之刹土。是著於有相。豈足名為菩
薩。何以故。如來所說莊嚴佛土者。非為外貌粉飾。乃即心佛
土也。心土無相。本來清淨。云何莊嚴菩薩。六塵不染。清淨
長存。不作莊嚴相。非莊嚴中。有妙莊嚴焉。是則名為莊嚴也
度生嚴土。皆非實有。此真無我法也。我前言無上菩提。其說
雖多。總是無我之法。夫法界本空。一有我便著形迹。人與眾
生壽者。緣我而有勢。必執其有法有滅度有莊嚴。何得名為菩
薩乎。若菩薩通達無我法者。我尚無有。何更有法。人法兩
空。湛然清淨。此如來說。名真是菩薩矣。

【강의】 31.
　부처님이 설한 대신이란 진실처럼 견고한 것이 아니다.
그래서 홀로 대신일 수가 없다. 수보리는 보살의 명칭인
데, 각중생(覺眾生)은 그것이 부실(不實)인 것도 또한 그
와 같다. 무릇 진성 가운데는 본래 중생이 없지만, 다만
업연을 인하여 드러난 상일뿐이다. 아상(我相)을 말미암아
성립하여 사상이 성취된즉 중생도 또한 업연으로 그 가운

데서 나타난다. 그와 반대로 진성은 끝내 볼 수가 없다.

만약 보살이 스스로 '내가 장차 무량한 중생을 제도하겠다.'고 말한즉 그것은 유심의 제멸이고 중생을 분별한 것으로, 아상을 벗어나지 못하여 도리어 번뇌[障]만 증장한즉 진정한 보살이라고 말할 수가 없다. 왜냐하면 보살은 비록 불법으로써 중생을 멸도하여 얻은 명칭이라고 할지라도 무릇 진성 가운데는 오직 무상보리뿐으로 본래 제도할 중생이란 없기 때문이다. 그런데 또한 어찌 저버리거나 의거할 수가 있겠는가. 실로 법으로서는 멸도할 중생이 없다는 것을 가지고 보살이라고 말한다. 이런 까닭에 부처님이 설한 일체법은 근기를 따라 순응하여 중생을 개도함으로써 본성을 깨치는 것에 불과한데, 어찌 법상이라는 견해가 있겠는가. 아상·인상·중생상·수자상의 사상이 없다. 그뿐만 아니라 법상이라는 견해도 없다.

대저 위로는 불과를 추구하고 아래로는 중생을 교화하는 것이 모두 보살의 임무이다. 이미 불과를 추구한즉 반드시 불토를 장엄한다. 그런데 불토의 장엄도 또한 실법이 아니다. 만약 보살이 스스로 '내가 반드시 칠보와 오채로써 부처님의 찰토를 장식하고 엄정하겠다.'라고 말한다면 그것은 유상에 집착하는 것인데, 어찌 보살이라고 명칭할 수가 있겠는가.

왜냐하면 여래가 설한 장엄불토란 외모(外貌)의 분식(粉飾)이 아니라 이에 마음에 즉한 불토이기 때문이다. 심토(心土)는 무상(無相)으로 본래청정인데 어떻게 장엄하겠는가. 보살은 육진에 염오되지 않고 청정에 영원히 존재하여 장엄상을 일으키지 않는다. 장엄이 아닌 가운데 묘장엄(妙

莊嚴)이 있기에 이러한즉 장엄이라고 한다. 그래서 중생제
도[度生]와 국토장엄[嚴土]은 모두 실유가 아니다. 이것이
진정한 무아법이다. 내가 이전에 무상보리를 말했는데, 그
러한 설명이 비록 많을지라도 모두가 곧 무아법이다.

대저 법계는 본래 공으로 하나라도 아상을 두게 되면 곧
형적에 집착하는 것이다. 그리고 인상과 중생상과 수자상
도 아상을 반연하여 세력을 지닌다. 그래서 그 유법(有法)
·유멸도(有滅度)·유장엄(有莊嚴)에 집착하게 되는데, 어
찌 보살이라는 명칭을 얻을 수 있겠는가. 그러므로 만약
보살로서 무아법에 통달하는 사람이라면 아상도 오히려 없
는데, 어찌 또 법상인들 있겠는가. 그래서 인(人)과 법
(法)의 둘 모두가 공(空)이 되면 담연(湛然)하고 청정(清
淨)하다. 이것을 가리켜서 여래는 설하기를 진정한 보살이
라고 말한다.

○一體同觀分第十八
제18 일체동관분

(佛具五眼。體非實有。惟常在真心。虛靈不昧。眼雖分五。
照共一心。所謂萬法歸一。更無異觀。非眾生種種諸心。妄見
所及)。

[부처님은 오안을 갖추고 있는데, 그 체는 실유가 아니다.
오직 상재(常在)하는 진심(真心)만이 허령불매(虛靈不昧)
하다. 안(眼)을 비록 다섯으로 나누었을지라도 모두 일심
을 비추는데 소위 만법귀일이다. 그래서 다시 이관(異觀)
이 없다. 중생이 종종제심(種種諸心)으로 망견(妄見)하여
미칠 수 있는 것이 아니다.]

(宋徵與曰。若有妄心。即有妄見。諸相成沙三際為限。五眼
不通。若無妄心。則無三際可得。五眼一時開明。非諸沙相所
能隔。故曰一體同觀)。

[송징여56)가 말한다. '만약 망심이 있은즉 망견이 있다.
그래서 제상은 모래가 되고, 삼제는 경계가 되며, 오안은
막힌다[不通]. 그러나 만약 망심이 없으면 곧 얻을 삼제가
없고, 오안이 일시에 개명하며, 제사(諸沙)와 제상(諸相)
으로 구분할 여지[所能隔]도 없다. 그 때문에 일체동관이
라고 말한다.']

___

56) 宋徵與에서 與는 興의 오기이다. 송징여는 중국 명나라 시대의 작가
이다.

(32)須菩提於意云何(至)現在心不可得未來心不可得。

【경문】 32.
"수보리야 어떻게 생각하느냐. 여래에게 육안이 있느냐."
"그렇습니다. 세존이시여, 여래에게 육안이 있습니다."
"수보리야 어떻게 생각하느냐. 여래에게 천안이 있느냐."
"그렇습니다. 세존이시여, 여래에게 천안이 있습니다."
"수보리야 어떻게 생각하느냐. 여래에게 혜안이 있느냐."
"그렇습니다. 세존이시여, 여래에게 혜안이 있습니다."
"수보리야 어떻게 생각하느냐. 여래에게 법안이 있느냐."
"그렇습니다. 세존이시여, 여래에게 법안이 있습니다."
"수보리야 어떻게 생각하느냐. 여래에게 불안이 있느냐."
"그렇습니다. 세존이시여, 여래에게 불안이 있습니다."
"수보리야, 어떻게 생각하느냐. 항하의 모든 모래에 대하여
불은 이 모래에 대하여 설했느냐."
"그렇습니다. 세존이시여, 여래께서는 이 모래에 대하여 설
하셨습니다."
"수보리야, 어떻게 생각하느냐. 한 항하에 있는 모든 모래
의 수가 있고, 다시 그 모래 수만큼[如是]의 항하가 있다
고 하자. 다시 그 모든 항하의 모래 수만큼의 불세계가 있
다고 하자. 그러면 그것은 얼마나 많겠느냐."
"대단히 많습니다. 세존이시여."
　부처님께서 수보리에게 말씀하셨다.
"그 국토에 있는 모든 중생의 약간종심(若干種心)57)을 여

───────────────
57) 若干種心은 수없이 다양하고 많다는 말인데, 중생의 마음이 그토록

래는 다 안다. 왜냐하면 여래는 '제심(諸心)은 모두 마음이 아닌데, 그것을 마음이라고 말한다.'고 설하기 때문이다.

　수보리야, 왜냐하면 과거의 마음도 없고, 현재의 마음도 없으며, 미래의 마음도 없기 때문이다.

【註】五眼者。以形論則爲眼目。以理論則爲心竅。眼通于心。凡人皆有曰與佛無異。但因四相六塵遮蔽。只有肉眼而已。佛有五眼。乃常住眞心寂照。非過去未來現在妄心之觀見也。

【주석】31.
　오안은 형론(形論)으로써 안목을 삼고, 이론(理論)으로써 심규(心竅)를 삼은 것이다. 안(眼)은 심(心)으로 통한다. 범인(凡人)은 모두 부처님과 차이가 없다고들 말하는데, 그것은 무릇 사상과 육진에 덮여 단지 육안만 지니고 있지만, 부처님에게는 오안이 있다. 이에 항상 진심(眞心) 및 적조(寂照)에 주하여 과거·미래·현재를 망심으로 관견(觀見)하지 않는다.

肉眼以形相言。天眼以諸天言。慧眼以智慧言。法眼以了諸法言。佛眼以佛知見言。眼以囑照爲義。五眼非實有五眼也。約所見以爲眼耳。如是世尊如是者。應承之辭。有如是沙等恒河。言恒河之多。如一恒河沙之多。佛世界又如衆恒河。沙之多。爾所指言恒河沙數之世界。若干若如也。于數也。猶言許多種心。謂衆生種種心也。過去心已滅。現在心不住。未來心

　다양하고 많다는 것을 가리킨다.

未生。故皆不可得。此指生滅妄心。即若干種心之心也。

'육안'은 형상을 가지고 말한 것이고, '천안'은 제천을 가지고 말한 것이며, '혜안'은 지혜를 가지고 말한 것이고, '법안'은 제법의 요해를 가지고 말한 것이며, '불안'은 불지견을 가지고 말한 것이다. 안(眼)은 촉(囑)인데 비추어보는 것으로써 뜻을 삼는다. 오안은 실유의 오안이 아니다. 소견에 의거하여 안(眼)으로 삼은 것이다.

'여시세존(如是世尊)'에서 여시는 응당 받아들인다[應承]는 말이다.

'유여시사등항사(有如是沙等恒河)'는 항하가 많음을 말한 것이다. 마치 한 항하[一恒河]의 모래만 해도 많은 것처럼, 불세계(佛世界)도 또한 뭇 항하[眾恒河]의 모래처럼 많다.

'이소(爾所)'는 항하의 모래수[恒河沙數] 만큼의 세계를 가리켜서 한 말이다.

'약간(若干)'의 약(若)은 여(如)인데, 수를 헤아린[于數] 것이다. 마치 허다종심(許多種心)이라고 말하는 것처럼 중생의 갖가지 마음을 말한다.

'과거심'은 이미 소멸했고, '현재심'은 머물지 않으며, '미래심'은 아직 발생하지 않았다. 그 때문에 모두 불가득이다. 이것은 생멸의 망심을 가리킨 것인데 곧 약간종심의 심(心)이다.

【講】前說不見彼是眾生。不見我為菩薩。不見淨佛國土如是。則不見諸法。名為如來。將疑如來為無所知見者耶。然而如來具足五眼。豈果無所見耶。故問須菩提曰。人目中有。清淨眼根。能見形色者為肉眼。如來有否。答曰。如來雖不局於肉眼。而亦有肉眼也。又問。諸天能作觀行。見世界中所有者。謂之天眼。如來有否。答曰。如來雖不囿于天眼。而亦有天眼也。又問。以根本智。證真空理。謂之慧眼。二乘有之。如來有否。答曰。如來雖不同於二乘。而亦有慧眼也。又問以差別智。明一切法。謂之法眼。菩薩有之。如來有否。答曰。如來雖不等於菩薩。而亦有法眼也。又問諸佛覺性圓滿。見光周徧。謂之佛眼。如來有否。答曰。如來與諸佛同體。寂照自如。了無障礙。如來有佛眼也。疊舉五眼為問。須菩提皆以有是眼答。如來既具能見之眼。即具能知之智。故佛又以河沙為問。更舉河沙之多。以數佛之世界。果多不乎。須菩提亦以甚多答之。佛告須菩提。恒河沙等之恒河沙。一沙一世界國土中。所有眾生。各具一心。則其心有若干種。如來以清淨五眼。皆盡見而知之。所以悉知者。是何緣故。如來所說眾生諸心。總從六塵影現。皆識神顛倒之妄心。非真實常住之本心。是虛名為心耳。所以說非心者何也。須菩提。汝試觀既事之後。則為過去心。當時則有。事過便無。可能常留。而不滅乎。不可得也。過事之際。則為現在心。忽然著想。究竟成虛。可能實守。而不變乎。不可得也。未事之時。則為未來心。時事未臨。于何懸擬。可能豫設。而不失乎。不可得也。如來悉知者。知此不可得之心而已。三際覓心了不可得。識得他不可得處。故知諸心皆為非心。是名為心。然則如來。豈冥然一無所見乎。正以五眼。圓明洞見。到諸心非心。是以能一法不存。法法歸於無我耳。可見如來具足五眼。原無能見所見。而智眼亦歸無我也。

【강의】 32.

　위에서는 저들을 중생이라고 보지 않고 나는 보살이라고
보지 않으며 정불국토(淨佛國土)가 이와 같다고 보지 않은
즉 제법을 보지 않는 것을 여래라고 말하자, 장차 여래는
지견이 없는 사람인지 의심하였다. 그러나 여래가 오안을
구족하고 있는데, 어찌 소견이 없겠는가. 그 때문에 수보
리에게 질문으로 말한다.
"사람의 눈 가운데는 청정한 안근이 있는데, 형색을 보는
것은 육안이다. 여래에게도 있는가."
　수보리가 답하여 말했다.
"여래에게는 비록 육안에 국한되지 않지만, 또한 육안이
있습니다."
　또 물었다.
"제천은 관행을 일으켜서 세계의 모든 것을 보는데, 그것
을 천안이라고 말한다. 여래에게도 있는가."
　수보리가 답하여 말했다.
"여래에게는 비록 천안에 구애받지 않지만, 또한 천안이
있습니다."
　또 물었다.
"근본지로써 진공의 이치를 증득하는 것을 혜안이라고 말
하는데, 이승이 그것을 지니고 있다. 여래에게도 있는가."
　수보리가 답하여 말했다.
"여래는 비록 이승과 동등하지 않지만, 또한 혜안이 있습
니다."
　또 물었다.

"차별지로써 일체법을 해명하는 것을 법안이라고 하는데, 보살이 그것을 지니고 있다. 여래에게도 있는가."

수보리가 답하여 말했다.

"여래는 비록 보살과 동등하지 않지만, 또한 법안이 있습니다."

또 물었다.

"제불은 각성(覺性)이 원만하여 세계 전체[周遍]를 보고 비추는데, 그것을 불안이라고 말한다. 여래에게도 그것이 있는가."

수보리가 답하여 말했다.

"여래는 제불과 더불어 동체로서 적조가 본래 그러하여 끝내 장애가 없는데, 여래에게는 불안이 있습니다."

거듭 오안을 들어 질문하자, 수보리는 모두 (여래가) 그와 같은 안(眼)을 가지고 있다고 답하였다. 여래가 이미 능견(能見)의 안목[眼]을 갖추고 있은즉 능지(能知)의 지혜[智]도 갖추고 있다. 그 때문에 부처님은 또한 하사(河沙)를 가지고 질문한다. 거듭 하사의 많음을 들어서 불세계의 수를 세면 과연 많겠느냐는 것이다. 그러자 수보리가 또한 대단히 많다고 그 질문에 답한다.

부처님께서 수보리에게 고하였다.

"항하사 곱하기 항하사에서 낱낱 모래의 수 및 낱낱 세계의 국토 가운데 있는 모든 중생이 각각 일심을 갖추고 있은즉 그 心에 있는 약간종(若干種)을 여래는 청정한 오안으로써 모두 다 보고 그것을 알기 때문에 실지(悉知)이다. 이것은 무슨 인연인가. 여래가 설한 중생의 제심(諸心)은 모두 육진에서 영현(影現)한 것이고 모두 식신(識神)이 전

- 179 -

도된 망심이므로 진실 및 상주의 본심이 아니라 그것은 허명으로 삼은 心일 뿐이다. 그 때문에 비심(非心)이라고 설했는데, 어쩐 일인가.

수보리야, 그대는 시험 삼아 관찰해 보라.

기사지후(既事之後)인즉 과거심이 된다. 당시는 즉 유(有)이만 사건이 지나면 곧 무(無)가 되고 만다. 항상 머물러 둘 수가 있다면 불멸(不滅)이겠지만, 그런 일은 없다[不可得].

과사지제(過事之際)인즉 현재심이 된다. 홀연히 상에 집착해도 구경에는 허(虛)가 되고 만다. 실제로 지킬 수가 있다면 불변(不變)이겠지만, 그런 일은 없다[不可得].

미사지시(未事之時)인즉 미래심이 된다. 시(時)와 사(事)가 아직 성취되지 않았는데, 어찌 헤아리겠는가. 미리 베풀어볼 수가 있다면 부실(不失)이겠지만, 그런 일은 없다[不可得].

여래는 실지자(悉知者)로서 그것이 없는 마음[不可得心]인 줄을 알고, 이미 삼제에서 마음을 찾아보아도 끝내 없으므로[不可得] 그것이 불가득의 이치인 줄을 안다. 그 때문에 제심(諸心)은 모두 비심(非心)인 줄을 아는데, 그것을 심(心)이라고 말한다. 그런즉 여래가 어찌 그윽하게[冥然] 소견이 하나도 없겠는가. 바로 오안으로써 원명하고 밝게 보아서 제심(諸心)이 비심(非心)인 경지에 도달한다. 이로써 어떤 법도 없다. 제법은 무아로 돌아간다. 그래서 여래가 구족한 오안을 보자면 원래 능견과 소견이 없어서 지안(智眼)조차도 또한 무아로 돌아간다."

(剩閒曰。三心不可得。佛只申明。得皆為非心。是名為心。
二語如何。是真心不曾說破。講者只好隨佛言。繳明上文。於
言外略為指示數語。補明真心之意。歸到一體同觀。乃為經文
正義。若急於欲明真心。於上文是名為心。有作指點真心。於
三不可得。下從佛口中添出。是名真心。以繳上是名為心。語
意雖似深妙。與上下文勢欠合故。以皆為非心。是名為心。
一直說下。不點破真心者。為正解也)

[잉한거사(剩閒居士)가 말한다.
"삼심불가득에 대하여 부처님은 단지 펼쳐서 설명할 뿐이
지만, 그것은 모두 심이 아닌데(非心) 그것을 심(心)이라
고 말한다. 이어(二語, 眞心語과 非心語)는 어떤 것인가.
그 진심에 대해서는 일찍이 설파한 적이 없다. 강자(講者)
는 단지 불언(佛言)을 그대로 따르는 것을 좋아하여 위의
경문[上文]과 관련하여 설명할 뿐이고, 언외에 생략된 것
에 대해서는 몇 마디로 지시하여 진심의 뜻을 보충하여 설
명할 뿐이었다. 그러나 돌아와 일체동관분에 이르러서 이
에 경문의 정의(正義)를 삼았다. 만약 서둘러 진심을 설명
하려고 했다면 위의 경문[上文] 가운데 시명위심(是名為
心)에서 의도적으로 진심이라고 지시[指點]했을 것이다.
그러나 삼불가득(三不可得)에 대하여 이하[下] 부처님 말
씀[佛口中]으로부터 다시 도출[添出]한 시명진심(是名真
心)으로써 이상[上]의 시명위심(是名為心)과 결부시켰다.
어(語)와 의(意)는 비록 비슷하게 심묘(深妙)하지만, 상
(上)·하(下)의 문세(文勢)가 합치되지 않기 때문에 모두
를 비심(非心)이라고 하였다. 시명위심(是名為心)을 일단

직설(直說)하고 이하에서 진심에 대하여 간파[點破]하지
않은 것이야말로 올바른 해석[正解]이다.”]

○法界通化分第十九
제19 법계통화분

(佛身充法界。通達化無邊法界佛世界也。世界由心建立。心
為萬化所從出。佛心能悟實性法身充滿法界。則變通莫測。神
化無方。其福德之多。無有窮盡矣)。

[불신(佛身)은 법계에 충만하고 통달하여 무변법계를 불세
계로 만든다. 세계는 마음을 말미암아 건립된다. 그래서
마음은 만화(萬化)가 유출되는[從出] 근거이다. 불심은 실
성을 깨쳐서 그 법신이 법계에 충만한즉 그 신통변화를 헤
아릴 수가 없고, 그 복덕이 많아서 끝[窮盡]이 없다.]

(33)須菩提於意云何若有人滿(至)如來說得福德多。

【경문】33
　수보리야, 어떻게 생각하느냐. 만약 어떤 사람이 삼천대
천세계에 가득 찬 칠보로써 그것을 가지고 보시한다면 그
사람은 이 인연으로 얻는 복이 많겠느냐.”
“그렇습니다. 세존이시여, 그 사람은 그 인연으로 얻는 복
이 대단히 많습니다.”
“수보리야, 만약 복덕에 실체가 있다면 여래는 얻는 복덕
이 많다고 설하지 않는다. 복덕에 실체가 없기 때문에 여
래는 얻는 복덕이 많다고 설하는 것이다.”

【註】因依也。藤蘿附木而生曰緣。因緣者。因其布施之功。

而緣之。以得福德也。

 '인(因)'은 의(依)이다. 등라(藤蘿)가 나무에 붙어서 생
장하는 것을 연(緣)이라고 말한다.
 '인연(因緣)'은 그 보시한 공덕을 인(因)하여 거기에 연
(緣)함으로써 복덕을 얻는다.

福德有實者。取相也。福德無故。離相也。是人指以世界實施
之人。取相之福德。雖甚多。而非實離相之福。雖似無而實
有。故足言多。前云甚多。以俗見言之。即以甚多者。為不多
以佛見言之也。

 '복덕유실(福德有實)'은 상에 집착한[取相] 것으로 복덕
이 없기 때문에 상을 벗어나야[離相] 한다.
 '시인(是人)'은 삼천대천세계에 칠보를 가득 채워서 실제
로 보시하는 사람으로서 취상(取相)의 복덕은 비록 많을지
라도 실로 상을 벗어난[離相] 복이 아니다. 비록 (상을 벗
어난 복덕이) 무(無)인 듯이 보일지라도 실유한 까닭에 많
다고 말할 수가 있다. 이보다 앞에서 말한 '심다(甚多)'는
속견(俗見)으로써 그렇게 말한 것이다. 곧 '심다(甚多)'에
대하여 '불다(不多)'라고 말한 것은 불견(佛見)으로써 그렇
게 말한 것이다.

【講】七寶布施。佛以屢言之。而此復說者。以上文言。眾生
心虛妄不可得。如是則福德依心而成。亦是虛妄六度萬行。俱

非實法修福。又何益耶。故再發明無住相施之福德。以見因緣
修福不可廢。但施相之不可不離也。因問須菩提曰。若有人。
以滿三千大千世界之七寶。而爲布施。此因衆生心發出之善行
也。以是布施。廣結因緣。得福多不。須菩提言。果從因生。
因從緣就。此人以是布施因緣。得福甚多也。如來說因緣二
字。須菩提已深領此意。但未發明原故。所以又呼須菩提而言
曰。所云福德多者。若以福德爲有實。則妄識住相。取著能
所。有違于本來空寂無爲之體。即成顚倒心。如來說是有漏福
德。其報有限。不足爲多也。若以眞智行慈。隨緣布施。能離
于相。不見福德爲實。有順於本來空寂無爲之體。即非顚倒
心。此乃無爲淨福。等如虛空。所以如來。說得福德多耳。然
則妄心住相之福。不當修智慧。離相之福。不當不修耶。福德
無故福德多。則福德仍歸無我。修福原不礙菩提也。

【강의】 33.

　칠보의 보시에 대하여 부처님은 누누이 말하는데 여기에
서도 또 말한다. 이상의 경문 말씀으로는 중생심은 허망하
여 불가득이었다. 이와 같은즉 복덕을 심(心)에 의거하여
성취하면 또한 그것은 허망이다. 육도의 만행도 모두 실법
(實法)으로 수복(修福)한 것이 아닌데, 어찌 이익이 되겠
는가. 그 때문에 다시 무주상보시의 복덕에 대하여 발명함
으로써 보면 인연과 수복은 폐할 수가 없고, 다만 시상(施
相)만 불가불 벗어날 뿐이다.

　수보리에게 질문을 인유하여 (부처님이) 말한다.
"만약 어떤 사람이 삼천대천세계에 칠보를 채워서 그것으
로써 보시한다면 그것은 중생심을 인유하여 발출된 선행인

데, 그 보시로써 널리 맺은 인연으로 얻은 복이 많겠는가."
수보리가 말했다.
"과는 인을 따라 발생하고 인은 연을 따라 나아갑니다. 그 사람은 그 보시한 인연으로써 복을 얻는데 대단히 많습니다."

여래가 설한 인연(因緣)의 두 글자에 대해서 수보리는 이미 그 뜻을 깊이 이해하고 있었지만, 단지 그 근원(原)의 까닭을 발명하지 못하고 있었다. 그 때문에 (부처님은) 다시 수보리를 불러 말했다.
"그대는 복덕이 많다고 말했다. 그런데 만약 복덕이 유실(有實)이라면 곧 망식(妄識)이고 주상(住相)이며 능소에 집착[取著]하는 것으로, 본래공적한 무위의 체에 어긋나서 곧 전도심이 되고 만다."

여래는 그것은 유루복덕이고 그 과보도 유한하므로 많다고 할 수가 없다고 설한다. 만약 진지(真智)로써 자비를 행하고 수연하여 보시하면 相을 벗어나고, 복덕을 바라보지 않는 것이 실(實)이고 본래공적한 무위(無為)의 체(體)를 따른즉 전도심이 아니라는 것이다. 이것은 이에 무위의 청정한 복으로서 허공처럼 평등하다. 그런 까닭에 여래는 얻는 복덕이 많다고 설한다. 그런즉 망심(妄心) 및 주상(住相)의 복은 지혜를 닦는 것을 감당하지 못한다. 그러므로 상을 벗어난[離相] 복을 닦지 않아서야 되겠는가. 복덕이 없는 까닭에 복덕이 많다는 것은 곧 그 복덕은 거듭 무아로 돌아간다는 것이다. 수복은 원래 보리에 장애가 되지 않는다.

○離色離相分第二十
제20 이색이상분

(色者顔色。相者形體。離者不著。言求見如來者。離諸色相
也)。

[색(色)은 안색이고, 상(相)은 형체이며, 이(離)는 집착하
지 않는 것이다. 말하자면 여래를 친견하고자 추구하는 사
람은 모든 색·상을 벗어나야 한다.]

(34)須菩提於意云何(至)即非<具+?>足是名諸相具足。

【경문】34.
  수보리야, 어떻게 생각하느냐. 불을 가히 색신의 구족을
통해서 볼 수가 있겠느냐."
"아닙니다. 세존이시여, 여래를 진실로 색신의 구족을 통해
서는 볼 수가 없습니다. 왜냐하면 여래께서 설한 색신을
구족한다는 것은 곧 색신을 구족한 것이 아닌데 그것을 색
신을 구족한다고 말하는 것입니다."
"수보리야, 어떻게 생각하느냐. 여래를 여러 가지 상의 구
족을 통해서 볼 수가 있겠느냐."
"아닙니다. 세존이시여, 여래를 진실로 제상을 구족한 것으
로는 볼 수가 없습니다. 왜냐하면 여래께서 설한 제상을
구족한다는 것은 구족하는 것이 아닌데 그것을 가리켜 상
을 구족한다고 말하는 것입니다."

【註】色身者。三十二相也。諸相者。謂種種變現神通之相。
又不止三十二相矣。具足者。無少欠缺也。色身主離色言。諸
相主離相言。

【주석】 33.
　‘색신(色身)’은　삼십이상이고,　‘제상(諸相)’은　갖가지로
변현하는　신통의　모습을　말하는데,　또한　삼십이상에　그치
지　않는다.
　‘구족(具足)’은　부족함이　없고　결함이　없는[無少欠缺]이
다.　색신(色身)은　주로　이색(離色)의　경우에　하는　말이고,
제상(諸相)은　주로　이상(離相)의　경우에　하는　말이다.

【講】前言身相非相。諸相非相。須菩提已知有法身法相。此
承上福德無為福德多。佛恐須菩提。以如來色身。認為法身
故。設問曰。佛可以具足色身見不。須菩提即解其意。遂答
曰。不也世尊。覺性虛空。非形所圍。如來不應以具足色身
見。何以故。如來所說。具足色身。乃是幻化應身。非真有具
足色身也。是名為具足色身耳。而可以色身見如來也哉。佛又
問須菩提曰。如來變現神通之相。諸相具足。可以具足諸相見
不。須菩提亦答曰。不也世尊。蓋諸相亦形相耳。雖具足不應
以見如來也。何以故。如來所說。諸相具足。乃外貌應現形
相。非真有此諸相具足也。是名為諸相具足耳。其可以諸相見
如來也哉。

【강의】 34.
　앞에서　신상(身相)은　비상(非相)이고　제상(諸相)은　비상

(非相)이라고 말했다. 수보리는 이미 그것이 법신과 법상인 줄 알고 있었다. 이 이색이상분은 위의 복덕에서 무위복덕이 많다는 것을 계승한 것이다. 그러나 부처님께서는 수보리가 여래의 색신으로써 법신을 인식할까 염려한 까닭에 질문을 시설하여 말했다.

"부처를 가히 색신의 구족을 통해서 친견할 수 있는가."

수보리가 곧 그 의미를 이해하고 마침내 답하여 말했다.

"아닙니다, 세존이시여. 각성(覺性)은 허공과 같아서 형체에 얽매이지 않습니다. 여래를 결코 색신의 구족을 통해서는 친견할 수가 없습니다. 왜냐하면 여래가 설한 색신의 구족은 이에 곧 환화응신(幻化應身)으로 진정으로 색신을 구족한 것이 아닌데, 그것을 색신의 구족이라고 말했을 뿐이기 때문입니다. 그런데 가히 색신의 구족을 통해서 여래를 친견할 수가 있겠습니까."

부처님께서 다시 수보리에게 질문으로 말했다.

"여래는 변현한 신통의 상으로 제상을 구족하는데, 가히 제상의 구족을 통해서 친견할 수 있겠는가."

수보리가 또 답하여 말했다.

"아닙니다, 세존이시여. 무릇 제상도 또한 형상일 뿐입니다. 비록 (제상을) 구족했을지라도 그것을 통해서는 여래를 친견할 수가 없습니다. 왜냐하면 여래가 설한 제상의 구족은 이에 외모로 응현한 형상일 뿐이지, 진정으로 그것이 제상의 구족은 아닌데 그것을 제상의 구족이라고 말하기 때문입니다. 그런데 가히 제상을 통해서 여래를 친견할 수 있겠습니까."

○非說所說分第二十一
제21 비설소설분

(分為二節。無上菩提。乃本來真性此非言語可說也。如來為
覺悟眾生。只得以言語化導。演說般若。要知所說法。正為此
非言語可說者。謂不可說恶說也)。

[비설소설분은 두 대목으로 나뉜다. (하나는) 무상보리는
이에 본래진성이다. 이것은 언어로 설할 수가 없다. (둘
은) 여래는 중생을 각오시켜주기 위하여 단지 언어를 가지
고 화도(化導)하고 반야를 연설하였다. 요컨대 그 설해준
법을 알고 보면 바로 그것은 언어로 설할 수 있는 것이 아
니다. 소위 불가설이지만 부끄럽게도 설한 것이다.]58)

(35)須菩提汝勿謂如來作是念(至)無法可說是名說法。

【경문】 35.
"수보리야, 그대는 여래가 다음과 같이 '나는 진실로 설법
한 적이 있다.'고 생각한다는 말을 하지 말라. 그런 생각도
하지 말라. 왜냐하면 어떤 사람이 '여래는 설법한 적이 있
다.'고 말한다면 곧 부처님을 비방하는 것으로 내가 설한
것을 이해하지 못한 까닭이다. 수보리야, 설법한다고 해도
설해야 할 법이 없는데 그것을 설법한다고 말한다."

---

58) 비설소설이란 의미는 비록 설법을 했지만 그것은 언설로 설한 것이
아님을 말한 것이다.

【註】勿謂莫作。皆禁止辭。言勿謂如來心中。自念云。我當有所說法度眾。蓋如來隨眾生根器。而覺悟之。初未嘗有說法之心也。若言有所說法。是不明說法之旨。與佛意違背。非謗而何。以本性真空。有何可說。今云說法亦名耳。非實有法可說也。

【주석】 34.

　‘물위(勿謂)’와 ‘막작(莫作)’은 모두 금지사(禁止辭)이다. ‘물위’는 여래가 마음속으로 스스로 생각하여 ‘나는 응당 법을 설하여 중생을 제도하겠다.’는 말을 하지 말라는 것이다. 무릇 여래는 중생의 근기를 따라서 그들을 각오시켜주는데, 처음부터 일찍이 설법하겠다는 마음이 없었다. 만약 설한 법이 있다면 그것은 설법의 뜻[旨]을 해명하지 못한 것으로서 부처님의 의도와 어긋나고 비방하는 것인데 어찌 하겠는가. 본성은 진공인데 어찌 설할 수가 있겠는가. 지금 말한 ‘설법’도 또한 명칭일 뿐으로 실로 설할 만한 법이 있다는 것은 아니다.

【講】佛告須菩提曰。汝勿謂。如來有心作此念頭。我當有所說法。以開示於人。汝切莫作是念。此何以故。設若有人。言如來有所說法。則是淺見寡識。滯在言辭之末。違背真空妙諦。即為謗佛。不能解會。我所說之義故也。又呼須菩提曰。當知所謂說法者。雖以言顯。猶以悟通。默識心源。非言語能到。無法可說。是名說法也。蓋無可說而說。名為說法。

【강의】 35.

부처님께서 수보리에게 말했다.

"그대는 여래가 마음속으로 다음과 같이 '나에게는 응당 설한 법이 있다.'고 생각한다고 말하지 말라. 그대는 결코 그와 같이 생각해서는 안 된다. 그것은 왜냐하면 설령 어떤 사람이 여래에게는 설한 법이 있다고 말한즉 그것은 식견이 천박하고 부족하여[淺見寡識] 말꼬리에 막혀 있어서 진공묘체에 위배되어 부처님을 비방하는 것으로 내가 설한 뜻을 이해하지 못했기 때문이다."

(부처님께서) 다시 수보리를 불러 말했다.

"반드시 알아야 한다. 소위 설법이란 비록 언설로 드러난 것이지만 마땅히 깨쳐야만 통할 수가 있다. 침묵으로 알 수 있는 마음[心源]은 언어로 도달할 수 있는 것이 아니므로 설할 수 있는 법이 없는데, 그것을 설법이라고 말한다. 그래서 무릇 설함이 없이 설하는 것을 설법이라고 말한다.

(36)爾時慧命須菩提白佛言(至)說非衆生是名衆生。

【경문】 36.

그때 혜명 수보리가 부처님께 사뢰어 말했다.

"세존이시여, 많은 중생이 미래세에 이 법을 듣고 신심을 내겠습니까."

부처님께서 말씀하셨다.

"수보리야, 그는 중생(衆生)도 아니고 부중생(不衆生)도 아니다. 수보리야, 왜냐하면 중생 중생에 대하여 여래는 그것은 중생이 아니라고 설하였는데 그것을 중생이라고 말한다."

【註】爾時者。當啟問之時。慧智慧以德言。命壽命以齒言。謂有智慧而高年長老也。人至老耄。則昏聵者多。須菩提老而得慧眼。年高有德。表稱以動眾。

【주석】35.

'이시(爾時)'는 질문을 했던 바로 그 時이다.

'혜(慧)'는 지혜(智慧)로인데 덕을 말한[德言] 것이고, '명(命)'은 수명(壽命)인데 나이를 말한[齒言] 것이다. 곧 지혜가 있고 나이가 많은 장로를 말한다. 사람이 나이가 들면[老耄]59)에 이른 즉 눈과 귀가 어두워지는[昏聵] 사람이 많아진다. 수보리는 늙었지만 혜안을 얻었으며, 나이가 많고 덕이 있어서 (혜명 수보리라고) 대중들 사이에서 생겨난[動] 표칭이다.

【講】爾時。具智慧通命源之須菩提。深契佛旨。恐無說之說。具佛慧者。方能知之。眾生未必知。不知又安能信。因白佛言。頗有眾生。於未來世。得聞如來所說無法可說之法。能生實信心。而無疑焉否。佛語須菩提曰。汝勿慮未來之世。無有信佛法的眾生。蓋佛與眾生。初非兩類。同具此心。彼為眾生。而真性原有。非可以眾生目之。彼雖非眾生。而業緣現在。又非可以不眾生目之。何以故也。眾生於眾生之中。不能超脫者。以其不悔悟。更新自暴自棄。遂為眾生耳。若如來所說。人性皆善。有何凡聖之殊。原非實有眾生。是假名為眾生也。本性自在。安得聞佛所說。而不生信心哉。

---

59) 老耄는 88세 이상의 노인을 가리킨다.

【강의】 36.

그때 지혜(智慧)를 갖추고 근원[命源]에 통달한 수보리가 깊이 부처님의 의도에 계합하였지만, 무설의 설에 대하여 불혜(佛慧)를 갖춘 사람은 바야흐로 그것을 알겠지만, 중생이 반드시 알 수 있는 것은 아님을 염려하였다. 알지 못한다면 또 어찌 믿겠는가. 그 때문에 부처님께 사뢰어 말했다.

"많은 중생이 미래세에 여래가 설한 설할 만한 법이 없는 법을 듣고서 진실한 신심을 일으켜서 의심이 없겠습니까."

부처님께서 수보리에게 말했다.

"그대는 미래세에 불법을 믿는 중생이 없을 것이라고 염려하지 말라. 무릇 불과 중생은 처음부터 두 부류가 아니라 동일하게 차심(此心)을 갖추고 있어서 저들이 중생이지만 진성은 원래 지니고 있으므로 가히 중생이라는 안목을 가져서는 안 된다. 저들은 비록 중생이 아니지만[非衆生] 업연이 현재했을 뿐이므로 또한 중생이 아니라는 안목을 가져서도 안 된다. 왜냐하면 중생이 중생 가운데서는 초탈할 수가 없다. 그 때문에 회오(悔悟)하지 못하고 다시 새롭게 자포자기하여 마침내 중생이 되었을 뿐이다. 그러나 여래의 설법을 만나면 인성이 모두 선하게 된다. 제아무리 범성의 차이는 있더라도 원래 실유중생(實有衆生)은 아니다. 곧 가명으로 중생일 뿐이지 본성이 자재하므로 어찌 부처님의 설법을 듣고서 신심을 일으키지 않을 수 있겠는가.

○無法可得分第二十二
제22 무법가득분

(無上菩提。本是眞空。我尚非有。何况於法。故曰無法可得)。

[무상보리는 본래 진공으로서 오히려 아상마도 없는데, 어찌 하물며 법상이 유이겠는가. 그러므로 얻은 법이 없다고 말한다.]

(37)須菩提白佛言世尊(至)是名阿耨多羅三藐三菩提。

【경문】 37.
　수보리가 부처님께 사뢰어 말씀드렸다.
"세존이시여, 부처님께서 얻은 아뇩다라삼먁삼보리는 무소득입니까."
　부처님께서 말씀하셨다.
"그래, 그렇다. 수보리야, 나는 아뇩다라삼먁삼보리에 대하여 내지 조금의 법도 얻은 것이 없는데, 그것을 아뇩다라삼먁삼보리라고 말한다.

【講】 須菩提白佛言曰。我佛妄盡覺滿。得此阿耨多羅三藐三菩提。豈非以萬法俱空。圓明寂照。不俟外求。正爲無所得。乃爲眞得耶。佛深契須菩提之問。而重許之言。如是如是。我於阿耨多羅三藐三菩提。不從外得。乃我之眞性也。眞性虛空。神凝智泯。情絕思澄。不可以色相取。不可以言說求。無有少法可得。止為開導眾生。是以名為阿耨多羅三藐三菩提。
使人知所歸依耳。豈有法可得哉。

【강의】 37.
　수보리가 부처님에게 사뢰어 말했다.
"'부처님께서는 각만(覺滿)을 다하여 이 아뇩다라삼먁삼보
리를 얻으셨다.'고 제가 망녕을 떨었습니다. 그러나 곧 만
법은 모두 공이므로 원명하고 적조하여 밖에서 추구할 것
을 기다릴 것도 없이 바로 무소득이어야 이에 진정으로 터
득한 것이 어찌 아니겠습니까."
　부처님은 수보리의 질문에 깊이 계합하고 거듭하여 '그
래, 그렇다.'라고 인정하는 말을 하였다.
"나는 아뇩다라삼먁삼보리를 밖으로부터 얻은 것이 아니라
이에 나의 진성이다. 진성은 허공과 같아서 신(神)으로 어
찌하려고 해도 엉길 곳[凝]이 없고, 지(智)로 어찌하려고
해도 없으며[泯], 정(情)으로 어찌하려고 해도 꽉 막히고
[絶], 사(思)로 어찌하려고 해도 의거할 것이 없어서[澄],
색·상을 통해서 취할 수가 없고, 언설을 통해서 추구할
수가 없으며, 조금의 법도 얻을 것이 없어 중생을 개도하
는 데에 그친다. 이로써 아뇩다라삼먁삼보리라고 말한다.
그리하여 사람들로 하여금 귀의할 곳을 알려줄 뿐인데, 어
찌 얻을만한 법인들 있겠는가."

○淨心行善分第二十三
제23 정심행선분

(妙性空寂。固無法可得。然欲得無上菩提。又當何所修耶。
必須淨其心。以行諸善事。借此法為入道之門。宗泐曰。淨心
行善者。不著一法于心。而行此善法也)。

[묘성(妙性)은 공적하여 본디 얻을만한 법이 없다. 그런데
도 무상보리를 얻으려면 또 어떻게 수행해야 하는가. 반드
시 기심(其心)을 청정케 함으로써 모든 선사(善事)를 실천
해야 한다. 이 법에 의지하면 깨침의 문에 들어간다. 종륵
은 '정심행선은 마음으로 어떤 법에도 집착하지 않고 이
선법을 실천하는 것이다'60)고 말한다.]

(38)復次須菩提是法平等(至)即非善法是名善法。

【경문】 38.
　또한 수보리야, 이 법은 평등하여 높고 낮음이 없는데
그것을 아뇩다라삼먁삼보리라 말한다. 아도 없고 인도 없
으며 중생도 없고 수자도 없는 것으로써 일체의 선법(善
法)을 닦으면 곧 아뇩다라삼먁삼보리를 터득한다.
　수보리야, 소위 선법에 대하여 여래는 선법이 아니라고
설하는데 그것을 선법이라 말한다.

【註】 是法即指菩提覺體。無法之法。乃真法也。平等謂。凡

---
60)『金剛經彙纂』卷下, (卍新續藏25, p.799上) 참조.

有知者必同體也。無有高下者。非聖具而凡虧也。在聖不增故
曰無高。在凡不減故曰無下。一切善法。如布施持戒忍辱精進
之類是也。

【주석】36.

'시법(是法)'은 곧 보리의 각체를 가리키는데, 무법의 법
으로서 이에 진법이다.

'평등(平等)'은 무릇 유지자(有知者)에게는 반드시 동체
이다.

'무유고하(無有高下)'는 성인(聖人)에게는 갖추어져 있고
범인(凡人)에게는 결여되어 있다는 것이 아니다. 성인에게
있다고 해서 증장하는 것도 아니기 때문에 무고(無高)라고
말하고, 범인에게 있다고 해서 감소되는 것도 아니기 때문
에 무하(無下)라고 말한다.

'일체선법(一切善法)'은 보시·지계·인욕·정진과 같은
부류가 그것이다.

【講】阿難復編次。佛告須菩提曰。是無可說無可得之菩提
法。乃本然之性。原自平等。在眾生不減。在諸佛不增。無聖
無凡。色身則有高下。而真性初無高下之分。所以名為阿耨多
羅三藐三菩提也。何以為是名也。以真性中無有我人眾生壽者
四相之妄。但見為平等故。有是名也。平等之法。不從性外得
矣。然豈蓋廢修證哉。倘認本來現成。不假修行。此又廢法沉
空。愚迷不返者也。唯依平等無相心。修一切六度萬行之善
法。則虛含真。從此明心見性。造至覺地。即得阿耨多羅三藐
三菩提矣。此所謂自修自證。真無少法可得者。須菩提。不惟

菩提無法可執。即一切善法。在所當修。而亦不可執泥。蓋所
謂善法者。不過借此以接引眾生。開悟羣迷耳。及悟菩提善
法。何有本性中。原無有此法也。如來說即非善法。是名善
法。法非實有。而可執泥也哉。菩提之無少法可得也。益明
矣。

【강의】 38.
　아난은 다시 다음과 같이 엮어놓았다.
"부처님께서 수보리에게 고하여 말했다. 이것은 설할 수도
없고 얻을 수도 없는 보리법이다. 이에 본연의 자성으로
원래부터 평등하다. 중생에게 있어도 감소하지 않고 부처
에게 있어도 증장하지 않아서 성(聖)도 없고 범(凡)도 없
다. 색신인즉 높고 낮음이 있지만, 진성에는 처음부터 높
고 낮음의 분별이 없다. 그 때문에 아뇩다라삼먁삼보리라
고 말한다. 무엇으로써 그 명칭을 붙였는가. 진성 가운데
는 아상·인상·중생상·수자상이라는 사상의 망(妄)이
없다. 무릇 見이 평등하기 때문에 그 명칭을 붙였다. 평등
한 법은 자성 밖으로부터 얻은 것이 아니다. 그런데 어찌
수(修)·증(證)을 개폐(蓋廢)하겠는가. 혹시 본래현성을
인정하여 수행에 의지하지 않는다면 그것은 또 폐법(廢法)
이고 침공(沉空)으로 우(愚)·미(迷)를 돌이킬 수 없는
사람이다. 오직 평등심(平等心)과 무상심(無相心)에 의지
하여 일체의 육도만행의 선법을 닦으면 허(虛)에 즉해서도
진(眞)을 품는다. 이 명심견성(明心見性)으로부터 각지(覺
地)에 나아가 이른[造至] 즉 아뇩다라삼먁삼보리를 터득한
다. 이것이 소위 자수(自修)이고 자증(自證)으로서 진실로

조그만 법도 얻을 것이 없다는 것이다. 수보리야, 보리는 가히 집착할 것이 없어서 일체선법에 즉하여 그 자리에서 당장 닦아야 할 뿐만 아니라 또한 얽매이는[執泥] 것도 없다. 무릇 선법이라고 말한 것은 이것을 빌려서 중생을 접인하고 중생을 개오시키며 나아가서 보리선법을 깨치는 것에 불과하다. 어찌 본성 가운데 원래부터 이 법이 없었겠는가. 여래는 곧 선법이 아니므로[卽非善法] 그것을 선법이라고 말한다[是名善法]고 설했다. 이처럼 법은 실유가 아니거늘 가히 얽매이겠는가. 보리는 조그만 법도 얻을 것이 없다는 것이 더욱더 분명해졌다."

○福智無比分第二十四
제24 복지무비분

(福即福德。智即智慧。住相實施。為人天有漏之因。只可言
福。持經演說。為本性無量之功。不惟有福。兼為有智。此福
與智合。等如虛空。無可比方者也)。

[복(福)은 곧 복덕이고, 지(智)는 지혜이다. 상(相)에 주
하여 보시를 실천하는 것은 인간과 천상의 유루인이 되어
단지 복(福)이라고만 말할 수가 있다. 그러나 지경(持經)
하고 연설(演說)하면 본성의 무량한 공(功)이 되어 복(福)
이 있을 뿐만 아니라 아울러 지(智)도 있다. 이 복(福)과
지(智)를 합치면 마치 허공처럼 평등하여 견주어볼 것이
없다.]

(39)須菩提若三千大千世界中(至)算數譬喻所不能及。

【경문】 39.
　수보리야, 만약 삼천대천세계에 있는 모든 수미산왕 여
시등(如是等)의 칠보의 무더기를 가지고 보시한다고 하자.
어떤 사람이 이 반야바라밀경 내지 사구게 등으로써 수지
하고 독송하며 남을 위해 설해준다고 하자. 앞의 복덕은
(뒤의 복덕에 비하여) 백분의 일에도 미치지 못하고, 백천
만분의 일에도 미치지 못하며, 내지 산수 및 비유로도 미
치지 못한다.

【註】如是等七寶聚。言七寶所聚之多。等之于須彌山王之高大也。佛以性中福德。為最上者。皆為世人妄執因緣。要求福報之厚故。隨機逗教。反覆言之。以破人著相有為妄福。而勉人以修身修性耳

【주석】 37.

　‘여시등칠보취(如是等七寶聚)’는 칠보가 모여 있는 것으로 많음을 말한다. 여기에서 ‘등(等)’이라고 한 것은 수미산왕처럼 높고 큰 것을 가리킨다. 부처님이 성중복덕(性中福德)을 최상으로 간주한 것은 모두 세인들이 망집한 인연으로 요구하는 복의 과보가 두텁기 때문이다. 그래서 근기를 따라서 가르침을 남겨두고 반복해서 그것을 말해줌으로써 사람들이 상(相)과 유위(有為)에 집착하는 망복(妄福)을 타파해주고 사람들이 수신(修身)과 수성(修性)에 힘쓰도록 해주는 것이다.

【講】上言善法皆空。恐人又以經文為空談故。以福德較之。使知自修也。佛告須菩提云。須彌為眾山之王。可謂高大矣。若三千大千世界中。所有諸山。盡如須彌是高大。而且多也。若有人。積如是七寶。以成聚。用此布施。福德固為高大而多矣。然自性若迷。施福享盡。不免墮落。福何可救。于性何益。設若有人。以此般若波羅蜜經。乃至四句偈等。受持而有得於心。讀誦而演說其義。則不徒自度。且能度人。利益無窮。是修自性福德智慧。此七寶布施之福德。不及比持經福德百分之一。豈止百分之一。雖千萬億分。乃至算數之多。譬喻之廣。亦不能及此一分也。人可徒求布施福。而不修性福哉。

【강의】 39.

이에서 선법이 모두 공이라고 말하자, 사람들이 또 경문을 공담(空談)이라고 간주할 것을 염려한 까닭에 복덕으로써 그것을 비교하여 자수(自修)임을 알도록 해주었다. 부처님께서 수보리에게 말했다.

"수미는 모든 산의 왕으로 가히 높고 크다고 말한다. 만약 삼천대천세계 가운데 존재하는 모든 산이 다 수미처럼 높고 크며 또 많다고 하자. 만약 어떤 사람이 수미산만큼 칠보를 쌓아서 무더기를 만들어 그것을 보시에 활용한다면 복덕이 본디 높고 크며 많을 것이다. 만약 자성이 미혹하여 보시의 복덕을 다 누리면 복을 어디에서 추구하겠고 자성에 무슨 이익이 되겠는가. 그러나 설령 어떤 사람이 이 『반야바라밀경』 내지 사구게 등을 수・지하고 마음에 얻어서 독・송하고 그 뜻을 연설해 주면 곧 자기의 제도가 헛되지 않고 또 남도 제도할 수가 있어서 이익이 무궁한데, 이것은 자성의 복덕 및 지혜를 닦을 것이다. 그래서 저 칠보보시의 복덕으로 지경보시의 복덕과 비교하면 그것은 백분의 일에도 미치지 못한다. 어찌 백분의 일에 그치겠는가. 비록 천만억분 내지 산수의 많음 및 비유의 광대함으로도 또한 그 일분에도 미칠 수가 없다. 그런데도 사람들은 헛되게 보시의 복만 추구할 뿐이지 자성의 복은 닦지 않고들 있다."

○化無所化分第二十五
제25 화무소화분

(化者度衆生也。無所化者。實無衆生得滅度也。蓋佛雖設法
以化衆。然法非強設。衆生本有佛性。原非凡夫。不過隨其本
性而導之。故有化而歸於無所化也)。

[화(化)는 중생을 제도하는 것이다. 무소화(無所化)는 실
로 중생으로 멸도를 얻은 사람이 없는 것이다. 무릇 부처
님이 비록 법을 시설하여 중생을 교화할지라도 그 법을 강
설(強設)한 것은 아니다. 중생은 본유불성(本有佛性)으로
서 원래 범부가 아니므로 그 본성을 따라서 그들을 인도하
는 것에 불과하다. 그 때문에 교화해도[有化] 교화가 없는
경지[無所化]로 귀착된다.]

(40)須菩提於意云何(至)即非凡夫是名凡夫。

【경문】40.
　수보리야, 어떻게 생각하느냐. 그대들은 여래가 '나는 중
생을 제도하겠다'라는 생각을 한다고 말하지 말라. 수보리
야, 그런 생각도 하지 말라. 왜냐하면 실로 여래가 제도한
중생은 없기 때문이다. 만약 여래가 제도한 중생이 있다면
여래에게 아·인·중생·수자가 있는 것이다.
　수보리야, 여래가 설한 유아(有我)라는 것은 곧 유아(有
我)가 아니다. 그러나 범부는 유아(有我)로 간주한다.
　수보리야, 범부에 대하여 여래는) 범부가 아니라고 설하는

데 그것을 범부라고 말한다.

【註】 未度曰眾生。度後非眾生。非眾生則無眾生相。故曰實
無有眾生如來度者。

【주석】 38.
　아직 제도 받지 못하면 '중생'이라고 말하지만, 제도 받
은 이후에는 '비중생'이다. 비중생인 즉 중생상이 없기 때
문에 '실로 여래가 제도한 중생은 없다'고 말한다.

如來說有我者。就對凡夫而言耳。色身本空。我有何在。但凡
夫不悟。妄認色身。以為我耳。

　'여래가 설한 유아(有我)'는 범부를 상대하여 한 말이다.
색신이 본래 공인데 아(我)가 어디에 있겠는가. 무릇 범부
가 깨치지 못하고서 허망하게 색신을 인식하여 아(我)로
삼고 있을 뿐이다.

【講】 如來度生。現無邊身。說無量法。實實見之行事。一一
圓滿。非菩薩可及。豈可云無滅度乎。殊不知是法平等。則是
眾生。本來寂滅。如來不過因其為眾生而設法以度之。如來不
作度生念。所以能度生也。故呼須菩提。而告之曰。汝意云
何。汝等學道。諸人勿謂。如來實有是念。我當用法。以化度
眾生。汝等莫作是念可也。此何以故。蓋般若真性。人人具
足。雖如來以法度之。然亦度其所。自有非益。其所本無化歸
無化。實無有眾生。是如來度者。設若見有眾生。為如來度

者。是如來見得我能度化即為有我人。因我度即為有人。度人
離塵。登我法界。即有眾生。度人生死。不入輪迴。即有壽
者。一念不忘。四相畢具。所謂平等真法界。佛不度眾生者。
謂何而如來豈有此耶。如來既無四相。又何有我乎。然如來說
有我者。是對眾生而言。即非實有我也。而凡夫之人。錯認幻
相。以為有我。蓋未能見性。所以我相未忘也。佛又恐人分別
凡夫。復呼須菩提言。凡夫者似與如來異。若論本性。真空自
在。苟能了悟。隨入菩提故。如來說即非凡夫。是假名為凡夫
耳。然則如來凡夫一而已矣。又豈有能度之如來。可度之眾生
也哉。

【강의】40.
  여래가 중생을 제도하는 데 있어서 무량한 몸을 드러내
어 무량한 법을 설하는데, 실로 실견(實見)의 행사로서 낱
낱이 원만하여 보살도 미치지 못한다. 그런데 어찌 멸도가
없다고 말할 수 있겠는가. 의외로 그 법이 평등한즉 그 중
생도 본래 적멸하므로 여래는 그로 인하여 중생을 위해 법
을 시설하여 그들을 제도하는 것에 불과하다. 여래는 중생
을 제도했다는 생각을 하지 않으므로 중생을 제도할 수가
있다. 그 때문에 수보리를 불러서 그것을 고하여 말한다.
"그대는 어떻게 생각하는가. 그대들 도를 닦는[學道] 제인
(諸人)은 '여래는 실로 다음과 같이 생각한다. 곧 나는 반
드시 법을 활용하여 중생을 화도하겠다.'고 말하지 말라.
그대들은 그와 같은 생각도 해서는 안 된다. 왜냐하면 무
릇 반야의 진성은 모든 사람이 갖추고 있다. 비록 여래가
법으로써 그들을 제도하고 또한 그 중생의 지위[所]를 제

도할지라도 본래부터 이익이 없다. 그 중생의 지위는 본래 무화(無化)이고 무화(無化)로 돌아간다. 실로 중생이란 없다. 이것이 바로 여래가 제도하는 방식이다. 설령 만약에 어떤 중생이 여래에게 제도됨을 보았다고 하면 그것은 여래의 견해가 다음과 같게 되는 것이다.

'내가 도화(度化)했다면 곧 아상 및 인상이 있는 것이다. 나로 인하여 제도된즉 인상이 있는 것이다. 남을 제도하되 번뇌[塵]를 벗어나서 아(我)의 법계에 오른즉 중생상이 있는 것이다. 남을 제도하되 생사하며 윤회에 들어가지 않은 즉 수자상이 있는 것이다. 일념만이라도 잊지 못하면 마침내 사상이 갖추어진다.'

그러나 소위 평등한 진법계(眞法界)에서는 부처도 중생을 제도하지 않는다. 그런데 무엇을 여래라고 말하고 어찌 이 사상인들 있겠는가. 여래에게 이미 사상이 없는데 또 어찌 아상인들 있겠는가. 그러나 여래가 설한 유아(有我)란 곧 중생을 상대하여 말한 것으로서 곧 실유의 아(我)가 아니다. 그런데도 범부인은 착인(錯認)과 환상(幻相)으로 유아(有我)를 삼는다. 무릇 아직 견성하지 못한 까닭에 아상을 잊지 못한 것이다.

부처님은 또 사람들이 범부를 분별할 것을 염려하여 다시 수보리를 불러 말해준다.

"범부는 여래와 비슷하지만 다르다. 그러나 만약 본성의 측면에서 논하자면 진공은 자재하므로 진실로 요오(了悟)하면 보리를 따라 들어간다. 그 때문에 여래가 곧 범부가 아니다[即非凡夫]고 설한 것은 곧 가명으로 범부를 삼은 것이다. 그런즉 여래와 범부는 동일할 뿐이다. 그런데 또

어찌 제도해주는 여래가 있고 제도 받는 중생이 있겠는
가.”

○法身非相分第二十六
제26 법신비상분

(如來淸淨法身。乃從本性表出。卽是眞空。非屬相貌。無相
可求者也。須心悟始得。不可以色相見。蓋色相總屬幻有所
見。亦非眞實故。曰法身非相)。

[(하나는) 여래의 청정법신은 이에 본성에서 표출된 것으
로서 곧 진공에 즉한 것이지 상모에 속한 것이 아니어서
상(相)으로 추구할 수가 없다. (둘은) 반드시 마음을 깨쳐
야 가능하지 색·상으로 볼 수가 없다. 무릇 색·상은 모
두 환(幻)에 속하여 볼 수가 있지만, 또한 진실이 아닌 까
닭에 법신비상(法身非相)이라고 말한다.]

(41)須菩提於意云何(至)不應以三十二相觀如來。

【경문】 41.
　수보리야, 어떻게 생각하느냐. 가히 삼십이상을 통해서
여래를 관찰할 수 있겠느냐.”
　수보리가 말씀드렸다.
“그렇습니다. 바로 그렇습니다. 삼십이상을 통해서 여래를
관찰할 수가 있습니다.”
　부처님께서 말씀하셨다.
“수보리야, 만약 삼십이상을 통해서 여래를 관찰할 수가
있다면 전륜성왕도 마땅히 여래여야 할 것이다.”
　수보리가 부처님께 사뢰어 말하였다.

"세존이시여, 제가 부처님께서 설하신 뜻을 이해하고 보니 결코 삼십이상을 통해서는 여래를 관찰할 수가 없습니다."

【註】轉輪聖王。是為四天正統攝四大部洲。正五九月照南閣浮提。二六十月照西瞿耶尼。三七十一月照北鬱單越。四八十二月照東佛婆提。常如輪轉。照察人間善惡。以治四天下。乃二地菩薩。寄居金輪王位修行。在天人道中。未出三界。以業報福德。亦具三十二相。是業力所成也。觀與見不同。見者觀體之謂。觀者應作如是觀之觀。以心觀也

【주석】 39.
'전륜성왕'은 곧 사천을 바로잡아 사대부주를 통섭한다. 제일의 59개의 달은 남방의 염부제(閣浮提)를 비추어 살피고, 제이의 60개의 달은 서방의 구야니(瞿耶尼)를 비추어 살피며, 제삼의 71개의 달은 북방의 울단월(鬱單越)을 비추어 살피고, 제사의 82개의 달은 동방의 불파제(佛婆提)를 비추어 살핀다. 항상 전륜(輪轉)처럼 인간의 선·악을 비추고 살핌으로써 사천하를 다스린다. 이에 이지보살(二地菩薩)로서 금륜왕 지위에 기거(寄居)하여 수행하고, 천상도와 인간도에서 삼계를 벗어나지 않는다. 업보의 복덕으로써 또한 삼십이상을 갖추었는데, 이것은 업력으로 성취된 것이다.
'관(觀)'은 견(見)과 같지 않다. 견(見)은 관(觀)의 체(體)를 말하고, 관은 응작여시관(應作如是觀)의 관(觀)처럼 심(心)으로써 관찰하는 것이다.

【講】前分既言如來無我。無我則無相矣。佛恐眾生執相之見
未除故。復問須菩提曰。如來容貌端莊。具足三十二相。汝之
意云何。果可以三十二相觀如來不。須菩提順佛言而隨答之
曰。如是如是。蓋認作以相觀如來。徵問須菩提也。如來不可
以相見。可以相觀。因此有相。以觀無相之妙。未嘗不可。此
答在須菩提不為錯。正是他深解進步處。但非佛發問意。令初
發心人聞之。不知由無相方能現相。但見於相。昧於無相。未
免執相以觀如來。誤入邪道故。佛轉詰以曉之曰。設若如來。
可以三十二相觀之。則轉輪聖王。管四天下。周流不已。以福
業多端。亦具三十二相。與如來相似。是轉輪聖王。即當為如
來矣。須菩提深悟佛意。即應之曰。以我解佛所說義。自不應
以三十二相觀如來也。

【강의】 41.

앞의 제25 화무소화분에서 이미 여래는 무아임을 말했
다. 무아는 곧 무상(無相)이다. 부처님은 중생이 상에 집
착하는 견해를 단제하지 못할까 염려해서 다시 수보리에게
질문으로 말했다.

"여래의 용모는 단정하여 삼십이상을 갖추고 있다. 그대는
어떻게 생각하는가. 과연 삼십이상을 통해서 여래를 관찰
[觀]할 수가 있는가."

수보리가 부처님의 질문을 좇아서 "그렇습니다. 바로 그
렇습니다[如是如是]."라고 답변[隨答]한 것은 무릇 상을
통해서 여래를 관찰할 수 있다고 인정한 답변이다. 이에
(부처님은) 수보리에게 따져 물었다. 곧 여래는 상을 통해
서는 친견할 수가 없는데도 상을 통해서 관찰한다니, 그것

은 유상(有相)을 인하여 무상(無相)을 관찰하는 묘용이 과
연 가능하다는 셈이 된다. 그 답변의 속뜻은 수보리에게
착각하지 말라는 것이다. 그것이야말로 바로 수보리의 깊
은 이해가 진보한 이치이다. 부처님이 질문한 의도는, 초
발심한 사람에게 그것을 들려주는 것일 뿐만 아니라, 또한
무상을 말미암아 바야흐로 상이 드러나는 줄 모르고 단지
상만 보고 무상에 어두워서 상에 집착하여 여래를 관찰하
는 것을 벗어나지 못하여 사도(邪道)로 오입(誤入)하기 때
문이다. 그래서 부처님은 전힐(轉詰)[61]하여 그것을 일깨워
주려고 말했다.

"설령 만약에 여래를 삼십이상으로 관찰한즉 전륜성왕도
사천하를 주관하고, 유행을 마지않음으로써 복업이 다단하
며, 또한 삼십이상을 갖추고 있어서 여래와 비슷한 모습을
일으켜주므로 그 전륜성왕도 곧 여래일 것이다."

수보리가 부처님의 의도를 깊이 깨치고 곧 그에 응대하
여 말했다.

"제가 부처님이 설한 뜻을 이해하고 보니, 결코 삼십이상
을 통해서는 여래를 관찰할 수가 없습니다."

(42)爾時世尊而說偈言(至)是人行邪道不能見如來。

【경문】 42.
이때 세존께서 게송을 설하여 말씀하셨다.
만약 색으로 나를 보려 하거나

----

61) 轉詰은 상대방이 질문한 것을 가지고 도리어 역설적으로 상대방에
   게 따져 묻는 것을 가리킨다.

음성을 통해 나를 찾으려 하면
곧 잘못된 도를 행하는 것으로
여래의 참 모습을 보지 못하네

【註】偈者發言成句。又四句爲一偈也。色顏色。見親覩也。
音言音。聲聲氣。求索也。我者佛自謂。此指法身眞常淸淨之
我。亦對人而言我也。邪道者。聲色乃是幻妄。惟眞性方爲正
覺。如來謂眞性法身也

【주석】 40.
  '게(偈)'는 언설로 일으킨 성구(成句)이다. 또 사구(四
句)가 일게(一偈)이다.
  '색(色)'은 안색(顏色)이고, '견(見)'은 친히 보는 것이
다.
  '음(音)'은 언음(言音)이고, '성(聲)'은 성기(聲氣)이다.
  '구(求)'는 색(索)이다.
  '아(我)'는 부처님이 자신을 일컬은 것이다. 이것은 법신
(法身) · 진상(眞常) · 청정(淸淨)의 아(我)를 가리키고,
또한 남에 상대하여 말한 아(我)이다.
  '사도(邪道)'는 성(聲) · 색(色)은 이에 환(幻) · 망(妄)
이고 오직 진성(眞性)만이 바야흐로 정각(正覺)이 된다.
  '여래(如來)'는 진성(眞性) · 법신(法身)을 말한 것이다.

【講】爾時世尊。印證解義而說爲偈言曰。如來之我本無色可
見。無聲可求。若人以色見聲求。心遊性外。墮于識境。是人
所行。名入邪道。決不能見如來矣。蓋求我於聲色。是以如來

為有相也。欲見如來者。豈可以三十二相為哉。

【강의】 42.
　그때 세존이 (수보리가) 이해한 뜻을 인증하고 게언(偈言)으로 설하여 말했다.
"여래인 나는 본래 색을 통해서 볼 수가 없고, 소리를 통해서 추구할 수가 없다. 그런데도 어떤 사람이 색으로 보고, 소리로 추구하며, 마음은 자성 밖에 노닐면서 여래를 친견하려고 하는 사람이라면 어찌 삼십이상을 통해서 가능하겠는가."

○無斷無滅分第二七
제27 무단무멸분

(前分。既言不可以色見聲求。恐人疑如來斷絕諸法。消滅形相不知真空妙體。無斷滅相故。此分又發明之。蓋我以不可斷滅。一切諸法。起箇著無見也)。

[앞의 제26 법신비상분에서 이미 색으로 보거나 소리로 추구하는 것으로는 불가능하다고 말했다. 그로써 사람들이 여래가 제법을 단절하고 형상을 소멸하여 진공묘체를 모른다고 의심할 것을 염려해서 그것은 단멸상이 아니라는 까닭에 이 제27 무단무멸분에서 다시 그것을 발명한다.]

(43)須菩提汝若作是念(至)於法不說斷滅相。

【경문】43.
　수보리야, 그대가 만약 '여래는 상(相)을 구족하지 않았기 때문에 아뇩다라삼먁삼보리를 터득하였다.'고 생각한다면 수보리야, 그렇게 '여래는 상을 구족하지 않았기 때문에 아뇩다라삼먁삼보리를 얻은 것이다.'라고 생각해서는 안 된다.
　수보리야, 그대가 만약 '아뇩다라삼먁삼보리심을 일으킨 자는 제법의 단멸을 설한다.'고 생각한다면 그런 생각을 해서는 안 된다. 왜냐하면 아뇩다라삼먁삼보리심을 일으킨 자는 법에 대하여 단멸상을 설하지 않기 때문이다.

【註】具足相。即前言具足諸相也。說諸法斷滅者。斷者不續。滅者不生。妙性本空。如明鏡纖塵不翳。任萬形之自起自滅。而鏡之明體。寂照如如。未嘗斷滅。若作是念。如鏡先自著翳。則光拚而有斷滅相矣。此蓋我言求菩提者。不可念著于無。非謂如來不以具足相得菩提為非也。

【주석】41.
'구족상(具足相)'은 곧 앞에서 언급한 구족제상(具足諸相)이다.

'설제법단멸(說諸法斷滅)'에서 '단(斷)'은 불속(不續)이고, '멸(滅)'은 불생(不生)이다. 미묘한 자성은 본래 공으로서 마치 작은 먼지도 가려져 있지 않은 명경에 온갖 형상이 임하여 저절로 일어나고 저절로 소멸해도 거울의 밝은 본체는 적조(寂照)하고 여여(如如)하여 일찍이 단멸이 없는 경우와 같다.

'약작시념(若作是念)'은 마치 거울 앞에 방패[翳]가 붙으면 곧 광명이 사라지고 단멸상이 되는 것과 같아서 그 가리개[蓋]를 나는 보리의 추구[求菩提]라고 말한 것과 같다. 그리고 무(無)에도 집착하는 생각을 해서는 안 된다는 것이야말로 여래는 구족상이 없기 때문에 보리를 얻었다는 것은 잘못이라고 말하는 것이 아니다.

【講】承上文言。須菩提汝。雖知如來。不可以相見矣。設若作是念。謂如來不用具足色相之故。得此阿耨多羅三藐三菩提。將必舍去色相。別生見解。汝切莫作是念。而謂如來無形相無聲色。遂不以具足色相之故。而得此阿耨多羅三藐三菩提

心也。佛又告之曰。汝若作是念云。諸相皆無。纔發此阿耨多
羅三藐三菩提心。是說度人諸法。一切皆斷滅矣。如來雖脫塵
緣。圓通無相。神化無方。而隨緣順應。原非斷滅者。法如斷
滅。則心性何由發明。而真如亦幾乎熄矣。汝切莫作是念也。
此何以故。凡發阿耨多羅三藐三菩提心者。必依諸法。以為修
行之路。不得說法。俱捐生斷滅相也。

【강의】 43.
　위의 경문에서 '수보리야, 그대가 비록 여래를 알았다고
할지라도 상을 통해서는 친견할 수가 없다.'는 말을 이어받
아서 (부처님이 말한다.)
"설령 만약에 다음과 같이 '여래는 구족색·구족상을 활용
하지 않은 까닭에 이 아뇩다라삼먁삼보리심을 얻었다고 말
한다.'고 생각하면, 그것은 분명 색·상을 제거하고 별도로
견해를 발생한 셈이 된다. 그대는 결코 다음과 같이 '여래
는 형(形)·상(相)이 없고 성(聲)·색(色)이 없다고 말하
여 색·상을 구족하지 않은 까닭에 아뇩다라삼먁삼보리심
을 얻었다.'고 생각해서는 안 된다."
　부처님께서 다시 그것에 대해서 고하여 말했다.
"그대가 만약 그런 생각으로 '제상은 모두 무(無)인데, 이
아뇩다라삼먁삼보리심을 일으키는 것이야말로 사람들을 제
도하고[度人] 또 제법(諸法)에 대하여 설하는 것이다.'고
말한다면 일체가 모두 단멸이 되고 만다. 여래가 비록 번
뇌의 인연[塵緣]을 벗어났다고 할지라도, 원통하여 무상
(無相)이고, 신통변화하여 무방(無方)하며, 수연하고 순응
하여 원래 단멸이란 없다. 법이 단멸과 같은즉 심성은 또

무엇을 말미암아 발명하고, 진여가 또한 어찌 사라지겠는
가. 그대는 결코 그와 같이 생각하지 말라. 왜냐하면 무릇
아뇩다라삼먁삼보리심을 일으킨 사람은 반드시 제법에 의
지함으로써 수행의 길을 삼으므로 그들에게 설법해주지 않
으면 모두 쓸데없이 생멸상이 발생하고 말기 때문이다."

○不受不貪分第二十八
제28 불수불탐분

(菩薩所作福德。皆般若真空。直超彼岸。豈比世間布施之福
德。受而貪之也哉。曰不受者。一塵不染。縱有向何處著。曰
不貪者。心等虛空。欲愛從何處生也)。

[보살이 지은 복덕은 모두 반야의 진공으로서 곧장 피안에
뛰어오른다. 그러니 어찌 세간보시의 복덕을 받아서 그것
에 탐착하는 것과 비교할 수 있겠는가. '불수(不受)'란 일
진에도 오염되지 않는 것이다. 설령 (일진을) 향한다고 할
지라도 어디에 집착하겠는가. '불탐(不貪)'이란 마음이 허
공처럼 평등한 것이다. 그런데 어디에서 욕애(欲愛)가 발
생하겠는가.]

(44)須菩提若菩薩以滿恒河沙等(至)是故說不受福德。

【경문】 44.
　수보리야, 만약 보살이 항하의 모래 수만큼의 세계에 칠
보를 가득 채워서 그것으로 보시한다고 하자. 그리고 만약
에 또 어떤 사람이 일체법에 이기심이 없음[無我]62)을 알
아 인(忍)63)을 성취한다고 하자. 그러면 후자의 보살이 전

---

62) 본 『금강경정해』에서는 이 '無我'를 '이기심이 없다' 내지 '我相이 없
　　다'는 정도의 의미로 해석하고 있다.
63) 忍은 ① 육바라밀 가운데 하나인 忍辱波羅蜜로서 모든 侮辱과 惱害
　　를 忍受하여 恚恨이 없음, ② 사물에 흔들림이 없는 마음의 安穩, ③
　　見道의 聖位에 이르기 이전에 닦는 4종수행으로 煖·頂·忍·世第一의 法
　　四善根 가운데 忍 등 세 가지 의미가 있다. 참고로 대한불교조계종에

자의 보살이 얻은 공덕보다 뛰어나다. 수보리야, 왜냐하면 제보살은 복덕을 받지 않기 때문이다."

수보리가 부처님께 사뢰어 말씀드렸다.

"세존이시여, 어째서 보살은 복덕을 받지 않습니까."

"수보리야, 보살은 복덕을 지어도 결코 탐착하지 않는다. 이런 까닭에 복덕을 받지 않는다고 말한다.

【註】我者私己之心也。成者成就也。前於六波羅蜜中。揭出忍辱波羅蜜為言。可見忍之義大矣哉。人於一切萬事。執著一箇我心。就有四相。於六塵上見其可愛而受之。見其可欲而貪之。便不能忍耐。以降伏其心。而於菩提遠矣。

【주석】42.

'아(我)'는 이기심이고, '성(成)'은 성취(成就)이다. 저 위의 경문에서는 육바라밀 가운데 인욕바라밀을 드러내 표시[揭出]하여 말했는데, 인(忍)의 뜻이 위대했음을 볼 수가 있었다. 사람이 일체만사에서 일개아(一個我)라는 마음에 집착하면 사상이 성취됨으로써 육진에서 그 좋아하는 것[可愛]을 보면 그것을 수용하고 그 하고자 하는 것[可欲]을 보면 그것을 탐내어, 곧 인내로써 그 마음[其心]을 다스릴[降伏] 수가 없어서 보리로부터 멀어지고 만다.

按。大般若經有安受忍。有觀察忍。修此二忍。便得無生法忍。此處知字是觀察忍。成字是安受忍。知一切法無我得成於

<hr>

서 편찬한 조계종 표준 『금강반야바라밀경』(2009년 1월, p.81)에서는 '忍辱'으로 해석하고 있다. 본 『석주』에서도 인욕의 의미를 부분적으로 가미하여 해석하고 있다.

忍。便是無生法忍。

살펴보면 다음과 같다.(按)[64]
"『대반야경』에는 안수인(安受忍)이 있고 관찰인(觀察忍)이 있다. 이 이인(二忍)을 닦으면 곧 무생법인을 성취한다.[65] 여기에서 지자(知字)는 곧 관찰인이고, 성자(成字)는 곧 안수인이다. 일체법에서 무아를 알아서[知] 인(忍)을 성취하면 곧 그것이 무생법인이다."

【講】前分既言不著聲色相。不著斷滅相。真通達無我法矣。佛故＜告?＞呼須菩提而言曰。設若菩薩以滿恒河沙等世界之七寶。持用布施。可謂多而獲福勝矣。然未免有貪受之心。非自性功德也。若復有人。深知一切諸法。從心而生。湛若太虛。不住不著。都是平等。無有我相。雖以法施普度。而不自有其能得。以成就容忍之念。則此菩薩無我之功德。勝前菩薩寶施所得之功德矣。然所以勝之者。何以故。以諸菩薩心。本無我。既有法施功德。無有我施之心。誰其受之。惟此不受福德。無有邊際。故勝前菩薩所得功德也。須菩提未解不受之義。而白佛言。菩薩既如是。而得福德。宜受享矣。云何菩薩。不受福德也。佛答須菩提。菩薩所作布施福德。俱本真性無我之法。無有我相。無有能心。本為利益眾生。不是為自家受用。若起一念受用心。便成貪著。菩薩修福德。不應起貪著心。是故說不受福德也。

---

64) 按은 이치를 더듬어 밝혀본다는 의미이다.
65) 『大般若波羅蜜多經』卷378, (大正藏6, p.953中-下)

【강의】 44.

앞의 제27 무단무멸분에서 이미 성상(聲相)·색상(色相)에 집착하지 말고 단멸상에 집착하지 말 것을 말한 것은 진정 무아법에 통달하는 것이었다. 부처님께서 수보리를 불러 고하여 말했다.

"설령 만약에 보살이 항하사 만큼의 세계에 칠보를 채워서 그것을 가지고 보시에 활용한다면 가히 많고 얻은 복이 뛰어나다고 말할 수 있다. 그러나 탐애심은 벗어나지 못하는데, 그것은 자성의 공덕이 아니기 때문이다. 다시 만약에 어떤 사람이 일체제법을 깊이 알고 마음을 따라서 일으키면 태허처럼 맑고 주착(住著)이 없어 모두가 그대로 평등하여 아상이 없다. 비록 법시(法施)로써 널리 제도해도 자기에게 그것을 터득했다는 것이 없음으로써 용인(容忍)의 염(念)을 성취한즉, 그 보살의 무아공덕은 앞에서 보살이 보배의 보시[寶施]로 얻은 공덕보다 뛰어나다. 왜 그런가. 제보살은 마음이 본래 무아여서 이미 법시공덕은 있어도 자신이 보시했다는 마음이 없다. 그런데 누가 그 공덕을 받겠는가. 생각해 보면 그것이 바로 불수복덕(不受福德)으로 변제가 없기 때문에 앞의 (보배로 보시한) 보살이 얻은 공덕보다 뛰어나다."

수보리가 불수(不受)의 뜻을 이해하지 못하여 부처님에게 사뢰어 말했다.

"보살이 이미 그와 같이 복덕을 얻었다면 반드시 받은 것을 누렸을 것입니다. 그런데 어째서 보살이 복덕을 불수(不受)하는 것입니까."

부처님께서 수보리에게 답했다.

"보살이 지은 보시의 복덕은 모두가 본래 진성으로 무아법이므로 아상이 없고 능심이 없다. 그래서 본래 이익중생(利益衆生)을 위한 것이지 자가수용(自家受用)을 위한 것이 아니다. 만약 일념만이라도 수용심(受用心)을 일으킨다면 곧 탐착이 되고 만다. 그러나 보살이 닦는 복덕은 결코 탐착심을 일으키지 않는다. 이런 까닭에 불수복덕(不受福德)이라고 설한다."

○威儀寂靜分第二十九
제29 위의적정분

(如來行住坐臥。謂之四威儀。寂靜者。言威儀中。眞性寂
靜。無去無來如如。不動也。此從威儀中。指出寂靜。見性無
染著無生滅。不可認作以威儀爲寂靜也)。

[여래의 행 · 주 · 좌 · 와를 사위의라고 말한다. 적정은 위
의 가운데서 진성의 적정인데, 감도 없고 옴도 없으며 여
여하여 부동이다. 이것은 사위의 가운데서도 적정을 가리
켜 내세운 것이다. 견성에는 염착이 없고 생멸이 없으므로
위의를 지어서 적정을 삼는다는 것은 인정할 수가 없다.]

(45)須菩提若有人言(至)亦無所去故名如來。

【경문】45.
　수보리야, 만약 어떤 사람이 '여래는 오기도 하고 가기도
하며 앉기도 하고 눕기도 한다.'고 말한다면, 그 사람은
내가 설한 뜻을 이해하지 못한 것이다. 왜냐하면 여래는
오는 것도 없고 또한 가는 것도 없기 때문에 여래라고 말
한다.

【註】此分三言如來。皆謂眞性也。眞性無相。若以四威儀形
容之。是人不解佛所說如來之義理也。故名如來者。言無去無
來。乃是如來之實義。名曰如來者。以是故也。

【주석】 43.

이 제29 위의적정분에서는 '여래'를 세 번 언급하는데 모두 진성을 말한다. 진성은 무상이다. 만약 사위의로써 그것을 형용한다면 그 사람은 부처님이 설한 여래의 뜻과 이치[義理]를 이해하지 못한 것이다. 그 때문에 여래라고 말한다.

'무거무래(無去無來)'는 이에 곧 여래의 진실한 뜻[實義] 인데, '명왈여래(名曰如來)'는 바로 이런 까닭이다.

【講】如來法身。遍虛空法界。無相無所。凡其應現。是隨衆生業緣而來。其實眞性自如。未嘗有去來之迹。人見如來應化威儀。得毋謂既非斷滅落空。又非色相落有。即是可以觀如來乎。是仍在應身上落想。而不能於法身上洞徹也。故呼須菩提告之曰。若有人言如來者。若來而應感。若去而入寂。若坐而跏趺。若臥而偃息。以此四威儀。遂指名爲如來。則是著於有相。徒覯其形容。而未窺其眞性。此人不能解我所如來之義矣。其解者。何以故。所謂如來者。不以應化爲體。以法性爲體。盡法界一如不動。本無來去止因與衆生同體。發起悲願度生。無量劫來。遍修諸行。熏成淨業。隨衆生心。應現救濟。謂其來也。衆生心淨。緣至即現。來無所從。謂其去也。衆生心垢。感畢即隱。去亦無所。是知法身眞體。絕無來去。故名如來耳。若顯現而成四威儀。不過爲化度衆生現出之迹偈。迹雖有動靜。而性實無動靜。豈可執是而言如來哉。夫無所從來。則非有。亦無所去。則非無。有無之見破盡。至是而色見聲求。諸法滅之疑。徹底消釋矣。

【강의】 45.

여래의 법신은 허공법계처럼 편만하여 형상이 없고[無相]이고 방소가 없지만[無所] 모두 응현한다. 곧 중생의 업연을 따라서 도래[來]하지만 기실 진상은 본래 여(如)로서 일찍이 거·래의 흔적이 없다. 사람들이 보는 여래의 응화(應化) 및 위의(威儀)는 어머니로부터 얻은 것으로 이미 단·멸·락·공이 없다고 말한다. 또한 색·상에 떨어진 유(有)가 아닌즉 가히 여래를 관찰[觀]할 수가 있다. 이것은 이에 응신에 떨어진 생각이므로 법신으로 통찰할 수가 없다. 그 때문에 수보리를 불러서 그것을 고하여 말했다.

"만약 어떤 사람이 여래가 來한 것은 응감(應感)이고, 거(去)한 것은 입적(入寂)이며, 좌(坐)한 것은 부좌(跏趺)이고, 와(臥)한 것은 언식(偃息)이라고 말하여 이 사위의(四威儀)를 가지고 마침내 여래라고 지명한다면 곧 그것은 유상에 집착한 것인데, 단지 그 형용만 본 것으로 그 진성을 궁구하지 못한 것이다. 그 사람은 내가 여래라는 뜻을 이해하지 못한 것이다. 그 이해란 무엇인가. 소위 여래란 응화로써 체를 삼지 않고 법성으로써 체를 삼아서 진법계에 일여하게 부동하여 본래 래(來)·거(去)·지(止)·인(因)이 없지만, 중생과 동체로서 비원을 발기하여 무량겁토록 도생하고 제행을 널리 닦으며 정업을 훈습하고 성취하여 중생심을 따라 응현하여 구제한다. 그래서 소위 래(來)라는 것은 중생의 마음은 정(淨)하여 연이 이르면 곧 드러나지만 도래[來]해도 온 곳이 없다. 소위 거(去)라는 것은 중생의 마음이 구(垢)하여 감이 끝난즉 숨어버려 거(去)해도 또한 간 곳이 없다. 이로써 법신의 진체는 단절하여 래(來)·거(去)가 없기 때문에 여래라고 말한다. 만약 현현하여 사위가 성취된다고 해도 그것은 중생을 화도하기 위하여 현출한 자취를 멈춘[迹偈] 것에 불과하다. 자취[迹]에는 비록 동·정이 있을지라도 실성은 동·정이 없는데 어찌 그것에 집착하여 여래를 말하겠는가. 대저 온 곳이 없다는 것은 곧 비유(非有)이고, 또한 간 곳이 없다는 것은 곧 비무(非無)이다. 유·무의 견해가 모두 타파된 경지에 이르러 색을 보고 소리를 추구하면 제법단멸이라는 의심은 철저하게 사그라진다."

○一合理相分第三十
제30 일합이상분

(宗泐曰。南唐石本新州六祖註本。並作一合相理分。如來之
具足色者相也。真性之無去無來者理也無理則相無所攝。無相
則理無所附。必真空之理。與外具之相。合而為一。則表裏俱
融。精粗無二矣)。

[종륵은 말한다. '남당 석본 신주의 육조 주석본에는 모두
일합상리분(一合相理分)이라고 되어 있다. 여래의 구족색
은 상(相)이고, 진성은 무거(無去)이다. 그런데 무래(無
來)라는 것은 리(理)이며, 무리(無理)인즉 상(相)이 소섭
(所攝)됨이 없고, 무상(無相)인즉 이(理)가 소부(所附)됨
이 없다. 반드시 진공의 이치가 밖으로 갖추어진 상(相)과
더불어 합치되면 일(一)이 되는데 곧 표(表) · 이(裏)가
모두 융합되고 정(精) · 조(粗)가 무이(無二)이다'.66)]

(46)須菩提若善男子善女人(至)但凡夫之人貪著其事。

【경문】 46.
  수보리야, 만약 선남자 선여인이 삼천대천세계를 부수어
미진을 만든다고 하자. 어떻게 생각하느냐. 그 미진중은

---

66)『金剛經彙纂』卷下, (卍新續藏25, p.805中-下) ;『金剛經解義』卷下,
    (卍新續藏24, p.531中) ;『金剛經註』卷下, (卍新續藏24, p.562下) ;
    『銷釋金剛經科儀會要註解』卷8, (卍新續藏24, p.739上) ;『普菴印肅
    禪師語錄』卷3, (卍新續藏69, p.435上) ;『金剛經科儀』, (卍新續藏74,
    p.657下) ;『金剛般若波羅蜜經（註解）』, (國家圖書館善本佛典13,
    p.40上)

얼마나 많겠느냐."

"대단히 많습니다. 세존이시여, 왜냐하면 만약 그 미진중이 실로 있다면 부처님께서는 그것을 미진중이라고 설하지 않으셨을 것입니다. 왜냐하면 부처님께서 설한 미진중은 곧 미진중이 아이기 때문에 미진중이라고 말합니다.

세존이시여, 여래께서 설한 삼천대천세계는 곧 세계가 아니기 때문에 세계라고 말합니다. 왜냐하면 만약 세계가 실로 있다면 곧 그것은 일합상일 것입니다. 그러나 여래가 설한 일합상이란 곧 일합상이 아닙니다. 그러므로 부처님께서는 일합상이라 설하십니다."

부처님께서 말씀하셨다.

"수보리야, 일합상이란 곧 설할 수가 없는 것이다. 단지 범부인이 그것에 탐착할 뿐이다.

【註】微塵世界。都非實有。悉是假名故。微塵在世界中。游氣飄揚。任其起滅。世界在太虛中。山河大地。任其聚散。猶如人身煩惱。塵心皆逐妄而生也。人人身中。俱有妄想。其微細雜念。猶如世界微塵。然非本性中物。不過影響虛幻而已。故云即非是名也。

【註】 44.

'미진세계(微塵世界)'는 모두 실유가 아닌데, 그것은 모두 가명이기 때문이다. 미진은 세계 속에 흘러다니고 날아다니면서 마음대로 일어나고 소멸한다. 세계는 허공 가운데 산하대지로 있으면서 마음대로 모이고 흩어지는데, 마치 사람의 몸이 번뇌인 것과 같다. 진심(塵心)은 모두 망

(妄)을 좇아 발생한다. 모든 사람의 몸속에는 다 망상이 갖추어져 있는데 그것은 미세한 잡념으로 마치 세계의 미진과 같다. 그런데 본성 속의 물유(物猶)가 아니라 영(影)·향(響)·허(虛)·환(幻)에 불과하다. 그 때문에 즉비(即非) 및 시명(是名)이라고 말한다.

一合相者。猶朱子云。氣以成形。而理亦賦之之意。一者不可分之以為二。合者。不可析之以為離。謂理與形合。而為一相也。以如來言應化身中有法身。以凡夫言四大身中有真性。推而言之。大而天地。小而萬物。有形者。即有理。非形無以顯理。非理無以現形。皆是一合相。經言一合相。止就人身言也。世界微塵。先以為喻耳。塵身假合。與塵界假合無異。塵界為器世界。塵身為有情世界。此以器世界。列有情世界。故從世界微塵說。到一合相。儒書云。人身一小天地。即此義也。如來說者。以佛曾言之也。言即非者。謂無實也。言是名者。謂虛名也。凡夫業緣中。現如來隨緣應化。名一合相。皆非實也。其實而無相者。則不可說也。不可說者。以真性無相不可言說也。相即無相。凡夫不知貪著相。事相乃無相。真性所現之形迹。凡夫貪戀執著。如目見色而愛色。耳聞聲而愛聲。泥此色身。誤認為我。故沉淪六道。無由解脫。此其所以為凡夫也。

'일합상(一合相)'은 또 주자가 '기(氣)가 형(形)을 성취하는데, 이(理) 또한 부(賦)의 그 의미이다.'고 말한 것과 같다.

'일(一)'은 불가분(不可分)의 그것으로 이(二)를 삼고,

'합(合)'은 불가석(不可析)의 그것으로 이(離)를 삼는다. 소위 이(理)와 형(形)이 합쳐지면 일상(一相)이 된다. 여래의 말로 하면 응화신 속에 법신이 있고, 범부의 말로 하면 사대신 속에 진성이 있다. 추론하여 그것을 말하자면 대(大)는 천지(天地)이고 소(小)는 만물(萬物)이다. 유형(有形)은 유리(有理)에 즉한다. 비형(非形)은 무(無)로써 이(理)를 드러내고 비리(非理)는 무(無)로써 형(形)을 드러내는데, 모두가 곧 일합상이다. 경전에서 말한 일합상은 인신(人身)에 나아가 말한 것에 그쳤는데, 세계와 미진을 먼저 비유로 삼았다.

진신(塵身)의 가합은 진계(塵界)의 가합과 더불어 차이가 없다. 진계는 기세계이고 진신은 유정세계이다. 이 기세계가 나열되면 유정세계이다. 그 때문에 세계와 미진의 설로부터 일합상에 도달하였다. 유서(儒書)에서 말한 '인신(人身)은 하나의 작은 천지이다.'는 것은 이 뜻에 즉한다.

'여래설(如來說)'은 부처님이 일찍이 말한 그것이다.

'즉비(即非)'라고 말한 것은 소위 무실(無實)이고, '시명(是名)'이라고 말한 것은 소위 허망(虛名)이다. 범부의 업연 속에 여래의 수연과 응화가 드러난 것을 일합상(一合相)이라고 말하는데, 모두 비실(非實)이다. 실(實)이지만 무상(無相)인즉 불가설이다. 불가설이란 진성이 무상이므로 언어로 설할 수 없다는 것이다. 상이 곧 무상인데 범부는 그것을 모르고 상에 탐착한다. 사상(事相)은 이에 무상(無相)인 것은 진성이 드러난 형적인데, 범부는 탐연(貪戀)하고 집착(執著)한다. 마치 눈으로 색을 보고 색에 애착하고, 귀로 소리를 듣고 소리에 애착하며, 이 색신에 빠

져서 아(我)로 오인한다. 그 때문에 육도에 침륜하여 해탈
할 연유가 없다. 이것이 바로 그들이 범부가 된 까닭이다.

【講】上文言無所從來。亦無所去。則知應身全是法身。不落
有無一見。但恐人隨語生解。向有來有去處。見法身散為應
身。便謂如來住於異處。向無來無去處。見應身攝歸法身。便
謂如來住於一處。住於異處。則見一切法。實有一切法。而法
不歸如。事相不得消亡。住於一處。則實相不能無相。而菩提
有法。智照不得泯絕。彼如來於法界中。隨緣應化。融通無
礙。非於一處住。亦非異處住。故舉世界微塵不實。喻法身應
化非一非異。而結歸一合相以明之。佛告須菩提曰。若有善男
子善女人。以三千大千。世界碎分為微塵。於汝意云何。是微
塵眾。寧為多不。須菩提悟而言曰。若以世界。分而為微塵。
甚多世尊。所以說者其義何耶。若是微塵聚而成眾果為實有
者。人皆知之。何須佛說。佛即不說是微塵眾也。所以說者
何。碎界為塵。妄塵幻聚。世人不知。故須佛說。佛所說微塵
眾。即非實有微塵眾。是虛名為微塵眾耳。須菩提又呼世尊而
言。不獨微塵非實。如來所說三千大千世界。皆由塵聚幻成。
至劫數盡時。亦有變壞。比所以虛而不實。即非世界。是虛名
為世界也。何以故。若以世界為實有者。世界凝合眾塵而成。
即是一合相。而可執為實有哉。如來所說一合相則以四大五
蘊。形質幻成。理氣凝聚。性相假合。非實有一合相。是虛名
為一合相也。佛聞須菩提言。已知深悟其理故。呼而告之曰。
是一合相者。實而不實。相而非相。即是不可以言說求之真性
在焉。但凡夫之人。聞諸佛說。不能證悟。淺則貪著諸塵。而
成緣競起。深則貪著色相。而幻境愈增。逐繫縛於生滅雜念。

而不能解脫。豈知理相合一。即是不可說之妙哉。

【강의】 46.

위의 경문에서 말한 "온 곳이 없고 또한 간 곳도 없다."
는 것은 곧 응신이 온전히 그대로 법신으로서 유무의 일견
에 떨어지지 않은 것인 줄 알려준다. 다만 사람들이 언설
을 따라 이해하여 온 곳이 있고 간 곳이 있다는 이치를 향
하여 법신이 흩어져서 응신이 된다는 견해를 발생할까 염
려하여 곧 여래는 여러 속[異處]에 주(住)한다고 말해주
고, 온 곳도 없고 간 곳도 없다는 이치를 향하여 응신이
섭수되어 법신으로 돌아간다는 견해를 발생할까 염려하여
곧 여래는 같은 곳[一處]에 주한다고 말해준다.

여러 곳[異處]에 주한 즉 일체법을 보는데, 일체법이 실
유하여 법은 여(如)로 돌아가지 못하고 사상(事相)은 소망
(消亡)되지 않는다. 그리고 같은 곳[一處]에 주한 즉 실상
은 무상이 아니므로 보리에 법이 있어서 지혜로 비추어보
아도 민절되지 않는다. 저 여래는 법계속에서 수연으로 응
화하고 융통으로 무애하여 같은 곳[一處]에 주하지 않고
또한 여러 곳[異處]에도 주하지 않는다. 그 때문에 세계와
미진이 부실(不實)임을 들어서 법신과 응화가 같은 것도
아니고[非一]이고 다른 것도 아님[非異]을 비유하여 결론
적으로 일합상으로 돌아가서 그것을 설명한다.

부처님께서 수보리에게 고하여 말했다.

"만약 어떤 선남자·선여인이 삼천대천세계를 분쇄하여 미
진으로 만든다면 그대는 어떻게 생각하는가. 그 미진중이
얼마나 많겠는가."

수보리가 깨치고서 언설로 말했다.

"만약 세계를 분쇄하여 미진으로 만든다면 대단히 많습니다. 세존께서는 그 때문에 (저에게) 그게 무슨 뜻이냐고 설하였습니다. 만약 그 미진이 모여서 무리가 되면 과연 실유가 되는 것은 사람들이 모두 그것을 알고 있는데, 어찌 굳이 부처님 말씀이어야 하겠습니까. 부처님께서는 그것을 미진중이라고 설하지 않았습니다. 그 때문에 설한 것이 무엇이겠습니까. 세계를 분쇄하면 미진이 되는데 망진(妄塵)은 환취(幻聚)인 줄은 세인들이 모르기 때문에 부처님 설법이 필요합니다. 부처님이 설한 미진중은 곧 실유로서 미진중이 아닙니다. 그것은 허명으로 미진중일 뿐입니다."

수보리가 다시 세존을 호칭하고 말했다.

"미진은 비실(非實)일 뿐만 아니라 여래가 설한 삼천대천세계가 모두 미진이 모임을 말미암아 환성(幻成)되어 겁수가 다하는 시절이 되면 또한 변괴(變壞)되기 때문에 허(虛)로서 부실(不實)에 비유하여 곧 세계가 아니므로 그것을 세계라고 허명(虛名)한 것입니다. 왜냐하면 만약 세계로써 실유를 삼는다면 세계는 많은 미진이 응합하여 성취된 것인즉 곧 일합상인데 집착하여 실유로 삼은 것이기 때문입니다. 여래가 설한 일합상은 즉 사대와 오온으로써 형질로 환성(幻成)되어 이(理)와 기(氣)가 응취(凝聚)되고 성(性)과 상(相)이 가합(假合)되어 실유의 일합상이 아닌데 그것을 일합상이라고 허명(虛名)한 것입니다."

부처님께서 수보리의 말을 들어보니 (수보리가) 이미 그 이치를 깊이 깨친 줄 알았기 때문에 (수보리를) 불러서 그것에 대하여 고하여 말했다.

"그 일합상은 실(實)이지만 부실(不實)이고 상(相)이지만 비상(非相)이다. 곧 그것은 언설로 추구할 수 없는 진성으로 존재한다. 무릇 범부인이 제불의 설을 듣고 증오하지 못하여, 천(淺)인즉 제진(諸塵)에 탐착하여 반연이 다투어 일어나고, 심(深)인즉 색·상에 탐착하여 환경(幻境)만 더욱 증장하여, 마침내 생멸의 잡념에 계박되어 해탈을 일으키지 못한다. 그런데 어찌 이(理)·상(相)의 합일(合一)된 즉 그대로 불가설의 묘(妙)인 줄 알겠는가.

○知見不生分第三十一
제31 지견불생분

(本性原是眞空淸淨。無爲眞知。無不照徹。纔起知識見解。
則所見無非四相。便難發無上菩提之心。必妄起之知見。盡滅
不生。然後四相之見。自然不生而般若眞知方露。可以證菩
提。登彼岸矣)。

[본성은 원래 진공·청정이고 무위·진지로서 밝게 비추
지 않음이 없다. 그러나 지식(知識)·견해(見解)가 일어나
기만 하면 그 소견은 사상 아님이 없어서 곧 무상보리심을
일으키기 어렵게 된다. 그러므로 반드시 망(妄)으로 일으
킨 지견은 진멸시켜 발생하지 않도록 해야 한다. 그런 이
후에는 사상의 견해가 자연히 발생하지 않으므로 반야·
진지가 바야흐로 드러나게 되어 보리를 증득해서 피안에
오른다.]

(剩閒曰。眞性本見不生。此言明眞性者也。要知見不生也)。

[잉한거사는 '진성은 본래적인 것이므로 사견[見]이 발생
하지 않는다[不生]'고 말한다. 이 말은 진성을 설명한 것이
다. 요컨대 사견은 본래 불생[見不生]임을 알아차려야 한
다[知]는 것이다.]

(47)須菩提若人言佛說我見(至)卽非法相是名法相。

【경문】 47.

　수보리야, 만약 어떤 사람이 '부처님께서 아견 · 인견 · 중생견 · 수자견을 설하였다.'고 말한다면 수보리야, 어떻게 생각하느냐. 그 사람은 내가 설한 뜻을 이해한 것인가."

"아닙니다, 세존이시여. 그 사람은 여래께서 설한 뜻을 이해하지 못한 것입니다. 왜냐하면 세존께서 설한 아견 · 인견 · 중생견 · 수자견은 곧 아견 · 인견 · 중생견 · 수자견이 아니기 때문에 아견 · 인견 · 중생견 · 수자견이라 말합니다."

"수보리야, 아뇩다라삼먁삼보리심을 일으킨 사람은 일체법에 대하여 마땅히 여시(如是)하게 알고 여시(如是)하게 보며 여시(如是)하게 믿고 이해하여 법상을 내지 말아야 한다.

　수보리야, 말한바 법상에 대하여 여래는 곧 법상이 아니라고 설하였는데, 그것을 법상이라 말한다.

【註】 前言四相。此言四見。相者法所現也。見者心所取也。然相粗而見精矣。四見謂作四相之見。三疊言之。是佛分別棄身見性之義。人無知見。即同頑石。佛豈無之。但知見有真妄耳。如法華經云。聞<開?>佛知見。示佛知見。悟佛知見。入佛知見。此知見之真也。楞嚴經云。知見立知即無明本。此知見之妄也。王日休曰。見者謂實有是見也。一泥于實。則多所貪著。而妄念滋長矣。法者事之法也。相者形迹也。不生法相者。於事法之形迹。如我人眾生壽者之見。皆不萌之於心也。如是知如是見者。即無上菩提之真知真見也。即非法身<相?>掃除名相之盡。是名法相顯著實相之盡也。

【주석】45.

앞에서는 사상이라고 말한 것을 여기에서는 '사견'이라고 말했다. '상(相)'은 법(法)이 드러난 것이고, '견(見)'은 심(心)이 집착된 것이다. 그러나 상(相)은 조(粗)이고, 견(見)은 정(精)이다. 사견(四見)은 사상(四相)을 짓는 견(見)인데, 세 번이나 거듭하여 그것을 말하고 있는 이것은 부처님이 신견(身見)이라는 천성[性]마저도 버려야 함을 분별해준 뜻이다. 사람들에게 지견이 없은즉 완석(頑石)과 같은데, 부처님에게도 어찌 그 지견이 없겠는가. 다만 지견에 진(眞)과 망(妄)이 있을 뿐이다.

저 『법화경』에서 말한 "불지견을 개(開)하도록 하려고, 불지견을 시(示)하도록 하려고, 불지견에 오(悟)하도록 하려고, 불지견에 입(入)하도록 하려는 것이다"67)에서 이 지견은 진(眞)이다. 그러나 『능엄경』에서 말한 "지견에 지(知)를 내세우면 곧 무명의 근본이다."68)는 이 지견은 망(妄)이다.

왕일휴(王日休) 거사69)가 말한다.

---

67) 『妙法蓮華經』 卷1, (大正藏9, p.7上) "欲令衆生開佛知見, 使得清淨故, 出現於世;欲示衆生佛[6]之知見故, 出現於世;欲令衆生悟佛知見故, 出現於世;欲令衆生入佛知見道故, 出現於世"

68) 『大佛頂如來密因修證了義諸菩薩萬行首楞嚴經』 卷5, (大正藏19, p.124下)

69) 『佛祖統紀』 卷28, (大正藏49, p.284上-中) "왕일휴는 영서 출신으로 국학진사였다. 『六經訓傳』 수십 권을 지었지만, 어느 날 아침에 말했다. '이것은 모두 업이고 습일 뿐이지 구경법은 아니다. 나는 서방으로 돌아가는 일을 해야겠다.' 그리고는 곧 베옷을 입고 채식을 하며 오직 염불할 뿐이었다. 매일 천 배를 하고 밤에 잠자리에 들었다. 일찍이 『淨土文』 10권을 지었는데, 간이하고 명백하여 읽어본 사람은 모두 信服하지 않은 사람이 없었다. 어느 날 저녁에 열심히 소리를 높여 염불

"견(見)은 실유(實有)로서의 견(見)이다. 일단 실(實)에 빠지면 즉 탐착이 많아지고 망념이 더욱 증장한다."

'법(法)'은 현상[事]의 법이고, '상(相)'은 형적이다.

'불생법상(不生法相)'은 사법(事法)의 형적인데, 마치 아견·인견·중생견·수자견처럼 모두 아직 심(心)에서 싹트지 않은 상태이다.

'여시지(如是知)·여시견(如是見)'은 곧 무상보리의 진지(真知)이고 진견(真見)이다.

'즉비법상(即非法相)'은 명(名)과 상(相)이 모두 소멸된 것이다.

'시명법상(是名法相)'은 실상(實相)이 모두 드러난 것이다.

【講】前但破相。此乃破見。見心不破。一異分際不除。故合破之。蓋佛恐人執著妄見。障蔽真見。不能證悟真性故。呼須菩提而問曰。若人言佛所說者。實有我見人見眾生見壽者見。須菩提于汝意中云何。是人可能解我所說之義否耶。須菩提答曰。不也世尊。是人口雖能說。心非能悟。不能解如來所說之義也。其不能解者。何以故也。世尊所說我人眾生壽者之見。原是外現假象。不是性中真諦。即非實有此見也。因眾生滯於形迹之私。流為物化之累。乃假名四見。為眾生掃除執相。是

을 오랫동안 하다가 홀연히 말했다. '아미타부처님께서 나를 영접하러 오셨다.' 곧게 선 채로 죽었다. 주변 사람이 꿈을 꾸었는데 푸른 옷을 입은 두 동자가 안내하여 서방으로 떠났다고 한다. 王日休。龍舒人。為國學進士。著六經訓傳數十萬言。一旦捐之曰。是皆業習非究竟法。吾其為西方之歸。即布衣蔬食惟佛是念。日課千拜夜分乃寢。嘗為淨土文十卷。簡易明白覽者無不信服。一夕厲聲念佛。久之忽曰。佛來接我也。屹然立化。邦人夢二青童引之西去"

名爲我人衆生壽者爾。豈真有此見哉。佛因須菩提三疊四見之
言。分剖明白。又呼其名。而告之曰。大凡發阿耨多羅三藐三
菩提心者。不但四相宜空。即於一切諸法。皆是無相。識自本
心。見自本性。應有如是之真知。如是之真見。如是之信受解
悟。不生一毫法相。法相者。修行種種之法。一泥著則諸相生
矣。不生則無上菩提。渾然天真。而在外之形迹。皆不是以爲
累。但初修行人。不假法相。其入無由。須菩提。凡是所言法
相者。皆爲接引初學。令其漸進耳。若至了徹真性空寂。法相
何有。故如來說即非實有法相也。是假名法相而已。夫法相非
有必無我人衆生壽者之見。而般若真性。于此可悟。發菩提心
者宜審於此。

【강의】 47.

  앞에서는 단지 상(相)을 타파하는 것뿐이었지만, 여기에
서는 이에 견(見)을 타파하는 것이다. 그러나 견이라는 마
음까지 타파하지 못하면 같고 다름[一異]의 분제가 단제되
지 않는다. 그 때문에 (상과 견을) 합쳐서 그것을 타파한
다. 무릇 부처님께서는 사람들이 망견(妄見)에 집착하고
진견(真見)에 막혀[障蔽] 진성을 증오(證悟)하지 못할 것
을 염려하여 수보리를 불러서 질문으로 말했다.
"어떤 사람이 부처님의 설법에는 아견·인견·중생견·수
자견이 실유한다고 말한다고 하자. 수보리야, 그대는 어떻
게 생각하는가. 그 사람은 내가 설법한 뜻을 이해한 것인
가."
  수보리가 답하여 말했다.
"아닙니다, 세존이시여. 그 사람은 입으로는 능설(能說)일

지라도 마음으로는 능오(能悟)가 아니므로 여래가 설법한
뜻을 이해하지 못합니다. 그것을 이해하지 못한 까닭은 무
엇이겠습니까. 세존께서 설한 아견·인견·중생견·수자
견은 원래 밖으로 드러난 가상(假象)이지 자성 속의 진제
가 아닙니다. 곧 그 견(見)은 실유가 아닙니다. 왜냐하면
그것은 중생이 사사롭게 형적(形迹)에 빠짐으로 인하여 중
생을 교화하는 번뇌[累]의 부류[流]에 속해 있기 때문입니
다. 이에 가명의 사견으로 중생을 위해 집상(執相)을 소멸
한 것인데, 이것을 아견·인견·중생견·수자견이라고 말
한 것입니다. 그런데 어찌 진정으로 그러한 견(見)이 있겠
습니까."

부처님께서는 수보리가 세 번이나 거듭하여 사견이라고
말하여 명백하게 해명[分剖]한 것을 인유하여, 그 수보리
라는 이름을 부르고 그에게 고하여 말했다.
"무릇 아뇩다라삼먁삼보리심이란 사상이 마땅히 공(空)일
뿐만 아니라 일체제법에 즉해서도 모두가 무상(無相)으로
서 자기의 본심을 알고[識] 자기의 본성을 보아서[見] 응
당 여시(如是)의 진지(真知)와 여시의 진견(真見)과 여시
의 신(信)·수(受)·해(解)·오(悟)가 있어서 털끝만큼의
법상도 일으키지 않는 것이다. 법상이란 갖가지 법을 수행
하면서 한 번만이라도 집착하면[一泥] 곧 제상이 발생하는
것을 말한다. 그러나 법상이 불생인즉 무상보리는 혼연히
천진하므로, 밖의 형적에 있으면서도 모두가 번뇌[累]가
되지 않는다. 그러므로 무릇 초심자[初修行人]은 법상에도
의지하지 말아야 한다. 그것이 바로 상에 말미암지 않는
경지[無由]에 들어가는 것이다.

수보리야, 무릇 여기에서 말한 법상이란 모두 초학자를 접인하여 그들로 하여금 점차 진척시켜주기 위한 것이다. 만약 진성이 공적함을 분명하게 통철한 경지에 이른다면 어찌 법상이 있겠는가. 그 때문에 여래의 설법은 실유의 법상이 아니라, 그것은 가명의 법상일 뿐이다. 대저 법상이란 유(有)가 아니다. 결코 아견·인견·중생견·수자견이 없어야 한다. 반야의 진성은 바로 이것을 깨치는 것이다. 그러므로 발보리심자는 마땅히 이것을 잘 살펴야 한다.”

○應化非眞分第三十二
제32 응화비진분

(分為三節。此分明凡應現。于事設化于外者。究非真實。惟本性自如。乃為真實。此經通章。反覆說來。總歸到真空無相即自性也。本虛空。不取于相。如如不動二句盡之。如如不動。乃真空也。全經為度生而發。故以演說終之。度歸無度說還無說。非真也)。

[응화비진분은 세 대목으로 나뉜다. (하나는) 이 응화비진분은 무릇 응현(應現)에 대하여 설명한다. 사(事)를 시설하여 밖으로 교화하는 것은 구경에 진실이 아니다. (둘은) 생각해보면 본성은 본래 여여하여 이에 진실인데, 이것이 바로 이 경전을 통괄하는 장(章)이다. 반복해서 설해왔지만 모두 진공과 무상은 자성에 즉하는 것으로 귀도(歸到)한다. (셋은) 본래 허공과 같아서 상(相)으로 취할 수가 없다는 것과 여여하게 움직임이 없어야 한다는 이구(二句)가 그 역할을 다하고 있다. 여여하게 움직임이 없어야 한다는 것은 이에 진공이다. 전경(全經)은 도생(度生)을 위해 시작[發]되었다. 그 때문에 연설(演說)로써 그 끝은 삼아서 제도했지만 제도함이 없다는 것으로 돌아가고, 설했지만 설함이 없다는 것으로 돌아온다는 것도 진(眞)이 아니다.]

(48)須菩提若有人以滿無量(至)不取於相如如不動。

【경문】 48.

수보리야 만약 어떤 사람이 무량아승지 세계에 칠보를 가득 채워 그것을 활용하여 보시한다고 하자. 만약 어떤 선남자 선여인으로서 보리심을 일으킨 사람이 이 경전을 지니고 내지 사구게 등을 수(受)·지(持)·독(讀)·송(誦)하며 남을 위해 연설해 준다고 하자. 그러면 후자의 복이 전자의 복보다 뛰어나다. 그러면 사람들에게 어떻게 연설해야 하겠는가. 결코 상에 집착하지 말고 여여하게 움직임이 없어야 한다.

【註】 阿僧祇西土之數名。猶云無央數耳。無量阿僧祇。乃積數之極多。不可以數計也。發菩提心者。謂發廣大濟度眾生之心也。推明經義曰演。宣揚經義曰說。如如不動。上如字謂真如性。下如字謂自如之甚也。不動謂不逐相移動也。

【주석】 46.

'아승지(阿僧祇)'는 서토(西土)의 수명(數名)인데, 또 말하자면 무앙수(無央數, 끝이 없는 수)이다.

'무량아승지(無量阿僧祇)'는 이에 적수(積數)의 극다(極多)로서 세거나 헤아릴 수가 없다.

'발보리심(發菩提心)'은 광대심을 일으켜서 중생심을 제도하는 것을 말한다.

경전의 뜻을 추명(推明)하는 것을 '연(演)'이라고 말하고, 경전의 뜻을 선양(宣揚)하는 것을 '설(說)'이라고 말한다.

'여여부동(如如不動)'에서 앞의 여자(如字)는 진여자성을 말하고, 뒤의 여자(如字)는 여(如) 자체가 중후함을 말하며, '부동(不動)'은 상(相)을 따라 이동함이 없는 것을 말한다.

【講】般若大意上已說完。如來欲後人持說此經。以傳慧命。所以又呼須菩提。而告之曰。若有人。以滿無量無央數世界七寶。持用布施。其得福可謂多矣。然不能離相布施。財施雖多福終有盡。至於般若波羅蜜經。全是法身妙諦。一切諸佛。及無上菩提法。皆從此出。只恐人以文字目之。不以心持。以樂小心持。而不以菩薩菩提心持耳。若有善男善女。發無上正覺度眾之心。實信奉持。不獨受持全經功德希有。於此經中。乃至四句偈等。不徒受持。于己自明其性。又為人演說。教人亦明其性。人己兼成。利益無盡。其所獲之福。勝彼七寶布施者矣。佛。又言曰。我所謂為人演說者。汝亦知云何為人演說乎。惟不取於相。如如不動。蓋我與眾生。都是色相假合。若論真性。不著四相。不住六塵。人法雙忘。情智俱泯。自無形迹可求。亦無聲色可見。本來真空。何有相之可取。惟真如之性。無不如意應現。但如如焉。神通乎法界。而定自然。妙化於無方。而體常寂。徧虛空界。常住自在。初何嘗逐相遷移。而有所動于中哉。此真可以演說矣。

【강의】 48.
　반야의 대의는 이상에서 설명을 마쳤다. 여래는 후인이 경전을 지(持)·설(說)하여 혜명을 전승하기를 바라는 까닭에 수보리를 불러서 그에게 고하여 말했다.
"만약 어떤 사람이 무량·무앙수 세계에 칠보를 가득 채워서 그것을 가지고 보시에 활용한다면 그로 인하여 얻은 복덕은 많다고 말할 수가 있다. 그러나 상을 벗어난 보시에는 미치지 못한다. 재시는 비록 복아 많을지라도 끝내 없어지고 만다.『반야바라밀경』은 전체가 법신의 묘제(妙諦)로서 일체제불 및 무상보리법도 모두 이 경전으로부터 출현하였다. 그렇지만 단지 사람들이 문자로써만 그것을 보고 마음에 지니지 않고 소승법을 좋아하는 마음을 지님으로써 보살의 보리심법을 지니지 못할까 염려할 뿐이다.

만약 어떤 선남·선여가 무상정각으로 중생을 제도하려는 마음을 일으켜서 진실하게 믿고 받들며 지니며[實信奉持] 전경(全經)의 공덕을 수·지하면 그것은 희유한 일일 뿐만 아니라, 또한 이 경전 내지 사구게 등을 헛되게 수 · 지하지 않고 자기 스스로 그 자성을 해명하며 또 남을 위해 연 · 설하고 사람들로 하여금 또 그 자성을 해명토록 하며 자기와 남을 모두 성취시킨다면 그 이익이 끝이 없으며, 그것으로 획득한 복은 저 칠보로 보시한 사람보다 뛰어나다.”

부처님께서 다시 말했다.
“내가 소위 남을 위해 연설한다는 것은 그대가 또한 어떻게 남을 위해 연설하는지를 알고 있다. 상에 집착하지 말고 여여하게 부동해야 한다. 무릇 나와 중생은 모두 색 · 상의 가합(假合)이다. 만약 진성을 논하자면, 사상에 집착하지 않고 육진에 머물지 않으면 인(人) · 법(法)을 모두 잊고 정(情) · 지(智)가 모두 사라져서 저절로 추구할 형적이 없고 또한 볼만한 색·성도 없어서 본래 진성인데 어찌 유상(有相)으로 취할 것이 있겠는가. 오직 진여의 자성

뿐이므로 마음대로 응현하지 않음이 없어서 무릇 여여할 뿐이다. 신통스러운 법계는 본래부터 자연스러운 모습이었고, 방소를 가리지 않는 미묘한 교화는 본체가 상적이었다. 시방의 허공세계에 편만하면서도 항상 자재하게 머물러 있는데, 처음부터 어찌 일찍이 상(相)을 좇아서 천이하여 중심에 움직임이 있겠는가. 이래야만 진정으로 연설할 수가 있다."

(49) 何以故一切有爲法(至)如露亦如電應作如是觀。

【경문】49.
  그 까닭은 다음과 같기 때문이다.
일체가 화합하여 이루어진 유위법은
꿈자리와 허깨비와 물거품과 그림자
여름 아침 풀잎의 이슬과 번개 같다
마땅히 여시하게 관찰해보아야 한다

【註】法者事之法也。有爲者有所作爲也。上自天地化育。下至人事造作。皆有爲法也。夢者夢寐也。睡時似有覺了全無。幻者幻術也。如結巾成兔。結草爲馬之類。皆虛幻不實。泡水泡也。外像雖有。其中實無。影形影也。光射則有。光滅則消。露者露水也。朝濕則存。日燥則乾。電者閃電也。忽有忽無。速于交睫。如是二字。指上六者而言。

【주석】47.
  '법(法)'은 사(事)의 법(法)이고, '유위(有爲)'는 작위(作

爲)한 바가 있는 것이다. 그래서 위로는 천지로부터 화육
하고, 아래로는 인사에 이르기까지 조작하는 것이 모두 '유
위법'이다.

'몽(夢)'은 몽매(夢寐)이다. 잠자고 있을 때는 있는 듯하
지만 깨어나면 끝내 아무것도 없다.

'환(幻)'은 환술(幻術)이다. 마치 수건을 묶어서 토끼를
만들고, 풀을 엮어서 말을 만드는 것과 같은 부류로서 모
두가 허환(虛幻)으로 부실(不實)이다.

'포(泡)'는 수포(水泡)이다. 외상(外像)으로는 비록 있을
지라도 그 중심은 실(實)이 없다.

'영(影)'은 형영(形影)이다. 빛을 비추면 곧 있지만, 빛
이 사라지면 곧 소멸한다.

'노(露)'는 노수(露水)이다. 아침에 습기가 차면 곧 존재
하지만, 햇빛에 말리면 곧 메마른다.

'전(電)'은 섬전(閃電)이다. 홀연히 있다가도 홀연히 없
어진다. 빠르기가 눈을 깜박이는 것과 같다.

'여시(如是)'의 두 글자는 위의 여섯 가지를 가리켜서 한
말이다.

【講】佛又自申說云。我所言不取于相如如不動者。何以故
乎。蓋本性眞空無相。原自如如。無所作爲者也。故凡聖賢。
皆以無爲爲法。而親證之。若有所作。爲便虛妄不實。是以世
間一切有爲之法。皆如夢寐之非眞。如幻術之假化。如水泡之
虛浮。如身影之恍惚。如朝露之易乾。如閃電之易滅。當作如
是六者觀看。可見世間之事。諸行無常。有生有滅。非眞有
也。惟如如不動之性。湛若太虛。超萬劫而常存。歷千變而不

易。與之演說其福德。寧有量哉。

【강의】 49.

부처님께서는 또 스스로 설법을 펴서 말했다.

"내가 말한 바 상에 집착하지 말고 여여하게 부동해야 한다는 것은 무슨 까닭이겠는가. 무릇 본성·진공·무상은 원래부터 여여하여 작위한 바가 없다. 그 때문에 무릇 현·성은 모두 무위로써 법을 삼아서 친히 그것을 증득한다. 만약 작위하는 바[所作]가 있으면 곧 허망·부실이 되고 만다.

이로써 세간의 일체유위법은 모두 몽매(夢寐)와 같이 진실이 아니고[非真]이고, 환술(幻術)과 같이 임시적인 존재[假化]이며, 수포(水泡)와 같이 허망[虛浮]하고, 그림자[身影]와 같이 흐리멍덩[恍惚]하며, 조로(朝露)와 같이 금방 메마르고[易乾], 섬광(閃電)과 같이 금방 소멸[易滅]한다. 반드시 이와 같이 여섯 가지를 관찰해봐야[觀看] 가히 세간사의 제행(諸行)이 무상(無常)으로 발생도 있고 소멸도 있어서 진실로 존재하는 것이 아님을 볼 수가 있다. 그러나 오직 여여하게 움직임이 없는 자성은 허공처럼 맑고 만겁을 초월하여 항상 존재하며 천변(千變)을 지나더라도 바뀌지 않는데, 그것을 따라서 연설하면 그 복덕에 어찌 한량이 있겠는가.

(50)佛說是經已長老須菩提(至)皆大歡喜信受奉行。

【경문】 50.

부처님께서 이 경전의 설법을 마치자, 장로수보리 및 모든 비구 · 비구니 · 우바새 · 우바이 · 일체세간의 천 · 인 · 아수라 등이 부처님의 설법을 듣고서 모두 크게 환희하여 믿고 받아들이며 받들고 실천하였다.

【註】此段乃阿難之記詞。結經常規。所謂流通分也。流通者。流通般若。利益眾生。如水之不壅塞也。比丘比丘尼者。出家之男女二眾也優婆塞優婆夷者。在家之男女二眾也。天人阿修羅。六道中之三道也。經初但云與大比丘眾。今言四眾八部。顯前說經之初。非不在會也。凡所聞歡喜。必妙契於心。契則信之。真受之切。而奉行不虛矣。

【주석】 48.
이 단락은 이에 아난이 기억하여 한 말인데, 경전을 맺는 상규(常規)로서 소위 유통분이다. 유통이란 반야를 유통하여 중생을 이롭게 하는 것인데, 마치 물처럼 옹색(壅塞)하지 않는 것이다.

'비구(比丘) · 비구니(比丘尼)'는 출가한 남(男) · 여(女)의 이부대중[二眾]이다.

'우바새(優婆塞) · 우바이(優婆夷)'는 재가(在家) 남 · 여의 이부대중이다.

'천(天) · 인(人) · 아수라(阿修羅)'는 육도 가운데 삼도(三道)이다. 경전의 처음에는 단지 '여대비구중(與大比丘眾)'이라고만 말했는데, 지금 말한 사중(四眾) · 팔부(八部)는 앞에서 설경(說經)의 처음에 법회에 없지는 않았음을 드러낸다.

　무릇 법문을 듣고 '환희'한 것은 반드시 마음에 미묘하게 계합된 것이다.
　계합한즉 그것을 '신(信)'한다.
　진정으로 간절한즉 그것을 '받아들이고[受]' '받들며 [奉]' '실천한[行]' 것이 헛되지 않는다.

【講】阿難因佛反復闡明般若之法。遂記而言曰。我佛說經已畢。首焉啟請之長老。而名須菩提者。頓悟真空。默領心印。其時同會之聽法者。則有比丘比丘尼焉。優婆塞優婆夷焉。一切世間之人。天上之天人。並阿修羅神。聞佛所說此經。各人言下見性。不驚不怖不畏。皆生大歡喜。幸正法之得遇。莫不信受其言。而持之於心。奉行其教。而演之於人。雖歷億萬劫。永證菩提。而人己兼度矣。此正我佛慈悲。廣作津梁。以度羣迷者。為功斯世。豈有量哉。

【강의】 50.
　아난은 부처님께서 반복해서 천명한 반야법을 인유하여 기억했다가 마침내 말한 것이다. 제(공기채)가 부처님이 설한 경전을 이미 마쳤다. 처음에 계청(啟請)한 장로로서 이름이 수보리라는 사람은 진공을 돈오하여 조용히 심인을 이해하였다.
　그때 같은 법회에서 청법한 사람으로서 곧 비구·비구니가 있었고, 우바새·우바이가 있었으며, 일체세간의 사람·천상의 천인 및 아수라신이 부처님이 설한 이 경전을 들었다. 그리고 각각 사람들은 언하에 견성하여 놀라워하지 않고, 두려워하지 않으며, 무서워하지 않고, 모두가 대환희를 일으켰으며, 정법을 만나게 된 것을 다행스럽게 여겨 그 말씀을 믿고 받아들이지 않음이 없었고, 그것을 마음에 지녀서 그 가르침을 받들어 실천하였으며, 사람들에게 연설하였다.

그래서 비록 억만 겁이 지났지만, 영원히 보리를 증득하여 자기와 남을 모두 제도하였다. 이것이야말로 바로 우리 부처님께서 자비로 널리 구제의 방편[津梁]을 지음으로써 중생[羣迷]을 제도한 것이었다. 그러므로 이 세간에서 지은 그 공덕이 어찌 한량이 있겠는가.

金剛經正解卷下(終)
『금강경정해』 권하(끝)

금강경정해

1판 1쇄 인쇄   /   2023년 6월 20일
1판 1쇄 발행   /   2023년 6월 20일

옮긴이   /   김호귀
발행인   /   향덕성

발행처   /   인쇄출판   토파민
주 소   /   서울 중랑구 용마산로 118길 109

등 록   /   제 18 - 63호

ISBN : 978-89-88131-84-8(03220)

값   18,000원